Jake Hall, Sophie Birkin, Helen Li, Jasiyot Singh Hans
THE ART OF DRAG

First published in the English language in 2020 as The Art of Drag by Nobrow, an imprint of Flying Eye Books Ltd, London.

Übersetzt mit freundlicher Genehmigung von Nobrow, ein Verlag von Flying Eye Books Ltd, London.

1. Auflage 2023
ISBN 978 3 9493152 51 | Katalyst #005

Katalyst Verlag ist eine Marke der
Luna Ventures GmbH
Prenzlauer Allee 186
D-10405 Berlin
www.katalystverlag.de

Übersetzung: Charlotte Milsch
Lektorat: Sophie Niemann
Satz: Arnold & Domnick, Leipzig
Verleger*innen: Anna & Lukas Kampfmann

Gedruckt auf Papier aus verantwortungsvollen Quellen in Polen.

MIX
Papier | Fördert gute Waldnutzung
FSC® C163799

Geschrieben von Jake Hall

DRAG IST KUNST

Illustriert von Sofie Birkin, Helen Li, Jasjyot Singh Hans & mehr
Übersetzt von Charlotte Milsch

KATALYST VERLAG

INHALT

YAS
send nudes

EINLEITUNG

Obwohl Crossdressing bereits seit Hunderten von Jahren existiert, wurde es erst durch eine legendäre Veranstaltungseinladung in einer Ausgabe der britischen Zeitung *Reynold's Newspaper* aus dem Jahr 1870 zu „Drag": „We shall come in drag!" („Wir kommen in Drag", das heißt Männer in Frauenkleidung.) Mittlerweile ist es eine der glamourösesten, witzigsten und rebellischsten Kunstformen der Welt! Drag unterwandert nicht nur gesellschaftliche Normen, sondern macht sich über die Welt lustig. Jeden Tag greifen Künstler*innen tief in ihre Kleiderkisten und zaubern mit aufwendigen Kostümen und Make-up legendäre Alter Egos, die glitzern, schillern und uns begeistern. Kein Wunder, dass Drag schnell zu einem globalen Phänomen wurde: Es ist aufregend, befreiend und herrlich queer.

In diesem Buch schauen wir nicht nur auf die Perücken und Pailletten, nein, wir tauchen tief ein in die lange und faszinierende Geschichte von Drag und zeigen in jedem Kapitel durch verschiedene Momentaufnahmen zentrale Elemente davon.

Zunächst reisen wir zurück ins Antike Griechenland und auf die Bühnen des Viktorianischen Englands. Wir schauen uns das Theater als Vorläufer von Drag an, bevor wir in die geheimnisvolle Welt der Flapper- und Kabarett-Performances der Jazz-Ära eintauchen. Danach widmen wir uns Drag als Strategie des Widerstands in den 1960ern und seine wachsende Akzeptanz in den 1970ern, bis wir uns schließlich die letzten Jahre näher anschauen, in denen Drag die ganze Welt erobert hat.

Über die Jahrhunderte hat Drag sich immer wieder verändert, weiterentwickelt und unzählige Male gewandelt. Alle in diesem Buch vorgestellten Künstler*innen haben einen wichtigen kulturellen Beitrag dazu geleistet. Ihre Pronomen wurden sorgfältig gewählt (einige benutzen verschiedene Pronomen, ob in Drag oder nicht), und das Wort queer wird nicht bloß als Sammelbegriff für verschiedene LGBTQIA+-Identitäten verwendet, sondern als Synonym für „radikal" und „die bestehende Ordnung störend". Drag steht für beides. Von Pantomime-Damen und Kabuki-Königinnen bis hin zu avantgardistischen Club Kids – es ist an der Zeit, die Drag-Legenden zu feiern und zu entdecken, wie Drag zu dem glitzernden queeren Phänomen wurde, das wir heute alle kennen und lieben.

THE ART OF

PERFORMANCE

400 v.u.Z.–1900

Ob theatralische Lip-sync-Gesangseinlagen oder Slapstick-artige Sketche: ohne Performance, kein Drag. Beide gehen Hand in Hand. Auf der Bühne existiert Crossdressing bereits seit Jahrhunderten. Es wird angenommen, dass der Begriff „drag" das erste Mal Ende des 19. Jahrhunderts verwendet wurde, um das Bewegen der Schleppen von Ballkleidern und Petticoats zu beschreiben, die von Schauspielern in Frauenrollen getragen und von ihnen über die Theaterböden „geschleift" („dragged") wurden.

Einen Charakter zu kreieren, ist für Drag ebenso elementar wie für das Theater. Für Drag sind *campe*, überzeichnete und glamouröse Alter Egos notwendig, die sich über die Welt lustig machen und dabei das Publikum begeistern. Genauso wie Theater oft von der Beteiligung des Publikums abhängig ist, benutzen Drag-Stars ihre Charaktere, um den Zuschauenden zu helfen, sich mit ihnen zu identifizieren und in der magischen Illusion zu verlieren.

Auch Drag Kings hatten ihre Zeit im Rampenlicht, insbesondere im späten 19. Jahrhundert. Der Aufstieg des Vaudeville Varietés machte Männerdarsteller wie Vesta Tilley und Florence Hines zu Stars, deren augenzwinkernden, musikalischen Parodien auf Männlichkeit die Fans in Verzückung versetzten. Diese gelungene Kombination aus mitreißendem Singsang und schlagfertiger Comedy hat sich bewährt und ist noch heute ein beliebtes Drag-Show-Konzept.

MIME

Die Mime, eine berühmte, im Antiken Griechenland entstandene Kunstform, kann als eine der frühesten Erscheinungsformen von Drag angesehen werden. Mit einer Kombination aus Tanz und Publikumsinteraktion spielten Mimen Theaterstücke auf antiken griechischen Festivals und führten kunstvolle Geschichten auf. Obwohl sie alle eine Vorliebe für verzierte Tuniken und gruselige Masken hatten, waren die berühmtesten Mimen vor allem für ihren Charme und nicht ihre Kostümierung bekannt. Telestes als der erste heute noch bekannte Mime war dafür berühmt, sich von dem Chor abzusetzen und alleine ins Rampenlicht zu treten, den anderen damit die Show zu stehlen und die Herzen des bewundernden Publikums zu gewinnen.

Mit weißer Gesichtsbemalung, gestreiftem Oberteil und einem unheimlichen, verschmitzten Grinsen ist der moderne Mime eine ikonische Persona: allen bekannt und als Halloween-Kostüm gern gesehen. Mimen, obwohl keine Drag-Artists im eigentlichen Sinne, haben mit ihren komödiantischen Übertreibungen und überzeichneten Gesten Drag, wie wir es heute kennen, stark geprägt und die *campe*, drei Finger breite Foundation dafür gelegt.

THEATER NACH SHAKESPEARE

Die Ursprünge von Drag werden üblicherweise auf das Theater des späten 16. Jahrhunderts zurückdatiert, in denen Männer im Crossdress Frauenrollen spielten. Da Schauspiel im Puritanismus als anstößiger Beruf galt, waren Frauen bis zur 1660 beginnenden Stuart-Restauration von Bühnen ausgeschlossen. Die wenigen radikalen Schauspielerinnen, die weiterhin auftraten, wurden stark stigmatisiert. In Ermangelung der Frauen übernahmen Schauspieler ihre Rollen. Sie schminkten ihre Gesichter mit weißer Farbe, Lippenstift und Rouge, und kleideten sich in den für die damalige Zeit so typischen aufwendigen Kleidern mit üppigen Röcken und Volants. Viele dieser Rollen, vor allem die Hauptfiguren in Liebesgeschichten wie Kleopatra und Julia, wurden an junge Männer vergeben, die noch nicht im Stimmbruch waren. Mit ihren schmächtigen Armen und Beinen, den weichen Gesichtszügen und zierlichen Körpern galten diese sogenannten *Boy player* als „femininer“ als ihre älteren Kollegen.

Für einige Rollen war es notwendig, ältere Schauspieler zu engagieren – wie die Amme in „Romeo und Julia“ oder Emilia in „Othello“ –, aber das waren nur wenige. Große Frauenrollen sind bei Shakespeare eher spärlich gesät, und die Heldinnen in seinen Stücken bekommen erst dann eine tragende Rolle, sobald sie sich als Männer verkleiden. Ein Paradebeispiel ist Viola in „Was ihr wollt“, eine junge Frau, hineingeboren in eine aristokratische Familie, die einen Schiffbruch dafür nutzt, sich neu zu erfinden: als Mann und mit dem Namen Cesario. Durch Crossdressing entkommt sie ihrem Schicksal und kann ihr Leben selbst bestimmen. Geschichten wie diese zeigen die komplizierte Beziehung des Shakespear'schen Theaters zu den Geschlechtern und ihren Rollen. Selbst, als es Frauen 1660 wieder erlaubt war, auf der Bühne zu spielen, wurden ihre Darbietungen von der Kritik harsch verrissen, die sich darüber beschwerte, nicht mehr an den Anblick von Frauen bei dieser Arbeit gewöhnt zu sein. Crossdressing auf der Bühne hat definitiv eine problematische Geschichte und war damals weit davon entfernt, progressiv zu sein. Aber zumindest bekam die Welt so erste wichtige Einblicke darin, wie Drag irgendwann aussehen könnte.

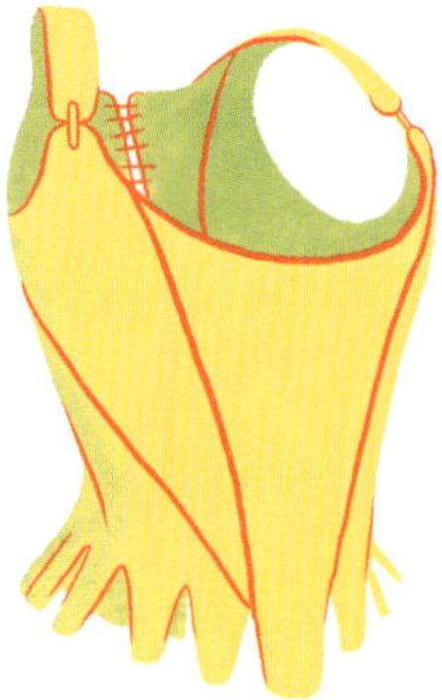

1700er-Jahre

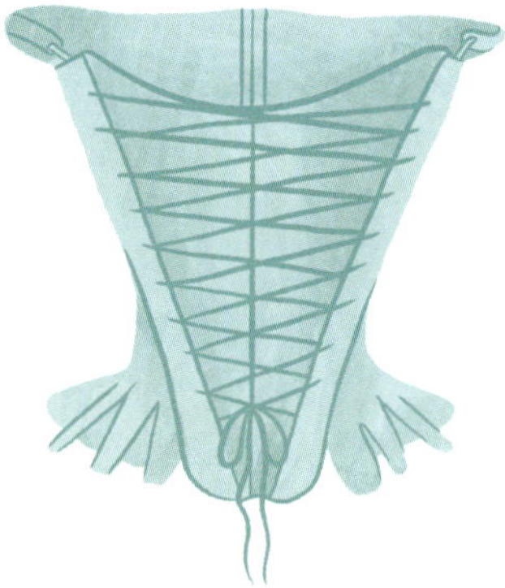

1800er-Jahre

1900er-Jahre

DAS KORSETT

Wenige Kleidungsstücke sind so ungnädig wie das Korsett, das noch heute von Frauen und Drag-Artists dafür genutzt wird, den Körper in eine idealisierte feminine Form zu bringen, koste es, was es wolle.

Inbegriff dafür war und ist das Korsett des 16. Jahrhunderts mit seinen engen Metallstäben und den dicken Schnüren, die das Ganze fest zusammenhalten. Populär wurde diese Korsett-Art zunächst in Italien, doch erst, als die italienische Adlige Caterina de' Medici in den 1530er-Jahren nach Frankreich zog und dort Königin wurde, kam es zu einem regelrechten Korsett-Wahn in ganz Europa.

Jede Variation des Korsetts hat zum Ziel, den Körper zu betonen. Deswegen ist es nicht verwunderlich, dass sich mit den Schönheitsidealen auch Formen und Schnitte über die Zeit veränderten. Mieder waren schon immer eng, doch während frühere Korsetts bewusst die Brüste flacher drücken sollten, veränderte sich der Stil um 1800 hin zu einer Betonung der Brustpartie: Die Sanduhr-Form war erschaffen. Nachdem sie um 1700 kurzzeitig von Walknochenstäben ersetzt worden waren, gewannen Metallstäbe im Viktorianischen Zeitalter wieder an Popularität, als das Schnüren von Korsetts zum Extremsport lancierte. Das sogenannte *Tightlacing*, bei dem die Taille so klein wie möglich geschnürt wird, ist ein Trend, der noch heute auf Social Media in Form von „Waist-Training"-Gürteln und Taillenbändern weiterlebt.

Für Drag-Artists ist und bleibt das Korsett ein wichtiges Requisit in ihrer Sammlung, vor allem im Zusammenspiel mit *Sponge padding*, der Auspolsterung von Brust und Gesäß, sowie extravaganten, engen Kleidern. Glücklicherweise sind heutige Modelle etwas gnädiger als die von Caterina de' Medici – mehr Netzgewebe und Satin und deutlich weniger Metall.

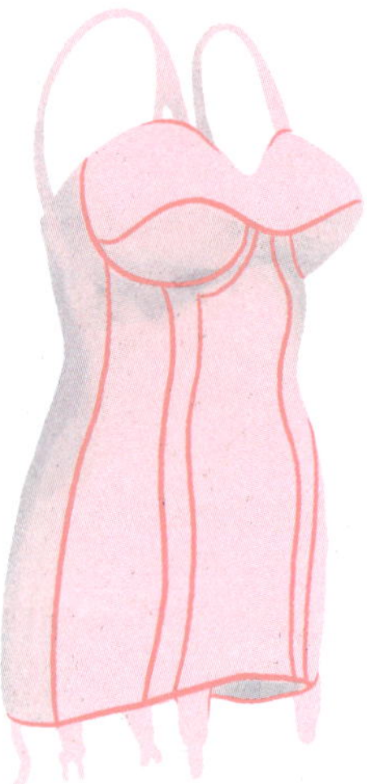

1950er-Jahre

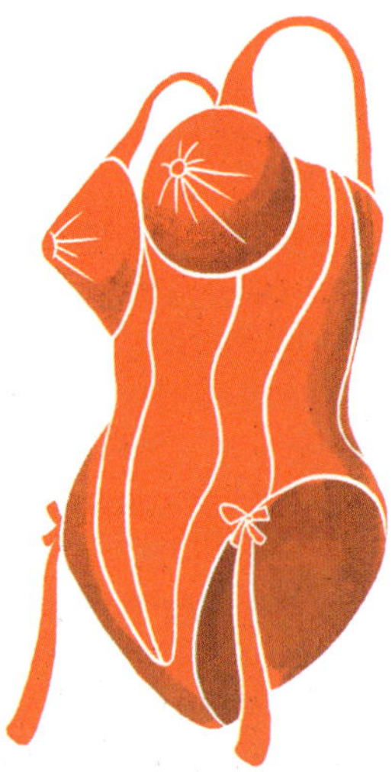

1990er-Jahre

2000er-Jahre

KABUKI-THEATER

Als eine der meist verehrten Kunstformen Japans hat Kabuki sich über die Jahrhunderte gewandelt, doch die wesentlichen Merkmale blieben gleich: Kostüme, Figuren und Musik erzählen im Zusammenspiel eine Geschichte. Die Ursprünge lassen sich auf eine ganz bestimmte Frau zurückführen: Izumo no Okuni. 1603 versammelte sie junge Frauen um sich, um mit ihnen auf einer provisorischen Bühne am Rande des Kama in Kyōto einen neuen Tanzstil aufzuführen. Sie waren „typisch männlich" gekleidet, in einfachen Kimonos.

Unter Okunis Leitung stieg die Bekanntheit der Gruppe, bis 1629 Stigmatisierung und die staatliche Beurteilung der Aufführungen als „zu erotisch" Frauen davon ausschlossen. Kabuki wurde zu einer nur noch von Männern ausgeführten Kunstform, wobei es auch einigen Wakashū (junge Männer, oft Sexarbeiter) verboten war. Das ermöglichte den Aufstieg der Onnagata, Schauspieler in Frauenrollen. Sie hatten sich den mit Weiblichkeit assoziierten weichen, zarten Bewegungen und Eigenarten verschrieben und beherrschten diese vollends. Heutzutage sind es eher ältere Männer, die ihre Gesichter weiß schminken. Sie tragen traditionelle, mit kunstvollen Accessoires verzierte Geisha-Perücken und lange, fließende Kimonos. Kabuki-Inszenierungen sind in der Regel sehr emotional und dramatisch und dauern mehrere Stunden. Chūshingura – ein beliebtes Stück, in dem 47 Ronin (herrenlose Samurai) den Mord ihres Masters rächen wollen – ist mit fast acht Stunden eines der längsten. Mit der Zeit wurden Handlungsstränge immer komplexer und spektakulärer, doch die eleganten Tänze und traditionellen Kostüme sind auch nach 400 Jahren weitgehend unverändert geblieben.

KATHAKALI

Ursprünglich aus der hinduistischen Folklore kommend, ist Kathakali ein von Männern aufgeführter Tanz, der durch Musik, Gesang, Choreografie und kunstvolle Kostüme Geschichten erzählt. Auch, wenn es Uneinigkeiten über den genauen Ursprung von Kathakali gibt, sind sich die meisten darüber einig, dass es um 1700 in Südindien entstanden sein muss. Eine wichtige Rolle neben den Kostümen spielen die riesigen, reich verzierten Kopfbedeckungen. Mindestens genauso aufwendig ist das Make-up, das in seinen hell leuchtenden Farben an Götter, Tiere und sogar Dämonen erinnern soll. Es wird niemanden überraschen, dass die Darstellenden üblicherweise rund vier Stunden brauchen, um sich zurechtzumachen.

Es ist alles andere als leicht, der Kunst des Kathakali professionell nachzugehen. Um als wirklich qualifiziert zu gelten, bedarf es einer zehnjährigen Ausbildung und dem Beherrschen der unverwechselbaren Fähigkeit, mit den Augen zu „tanzen" – bei der lediglich durch das Spiel mit den Augen eine emotionale Geschichte vermittelt wird. Die Schönheit liegt in den kleinen, subtilen Details, in denen sich Kathakali von anderen traditionellen Performance-Arten absetzt. Und es entwickelt sich immer weiter: Während reine Männergruppen früher die Norm waren, absolvieren heute immer mehr Frauen die Ausbildung, um Kathakali-Darstellerinnen zu werden.

KÖÇEK & ÇENGI

Die Harems des Osmanischen Reichs (1300–1922), in denen die Frauen des Sultans gemeinsam lebten, sind hinlänglich bekannt. Doch dort waren auch Köçek zu Hause: junge Tänzer in Frauenkleidung, das Äquivalent zu den Bauchtänzerinnen (Çengi). Üblicherweise jung und hochtalentiert, war es die Aufgabe der Köçek, ähnlich wie die der Çengi, zu tanzen und Musik zu machen.

Mit ihren perfekt gelockten Haaren, langen Seidenhemden und stark geschminkten Gesichtern, gepaart mit erotischen Tanzdarbietungen, erzeugten sie eine atemberaubende Wirkung. Es gibt Gerüchte, dass die Nachfrage nach Köçek weit höher war als die nach Çengi. Ja, es gibt sogar Berichte, in denen behauptet wird, einige Çengi hätten aus Eifersucht versucht, Köçeks zu ermorden.

PEKING-OPER

Die chinesische Oper hat eine jahrhundertealte und gefeierte Geschichte. Die wohl bekannteste ist die Peking-Oper, die im späten 18. Jahrhundert entstand. Wie nicht anders zu erwarten, waren Musik und Darbietung die Kernelemente, doch die besondere Rolle von Akrobatik sowie die überladene, farbenfrohe Ästhetik hoben die Peking-Oper von allem zuvor Dagewesenen ab.

Die Darstellenden werden in unterschiedliche Rollenkategorien eingeteilt, wobei die berühmteste die Dan ist – die weibliche Hauptfigur. Vor 1912 konnten diese Rolle aufgrund eines seit Langem bestehenden Verbots für Frauen im Theater ausschließlich Männer spielen, heute sind sie für alle Geschlechter offen. Während andere Rollen eine aufwendige, gemusterte Gesichtsbemalung erfordern, ist das Make-up der Dan vergleichsweise schlicht – jede Menge roter Lidschatten gepaart mit einem markant geschwungenen Lidstrich und knalligem roten Lippenstift.

Nachdem das Verbot für Frauen aufgehoben worden war, konnten einige wenige Dan-Schauspieler, besser bekannt als die „Vier großen Dan", ihren Erfolg fortführen. Mei Lanfang ist heute wohl einer der berühmtesten von ihnen. Seine Feingliedrigkeit, hohe Stimme und sein zartes Wesen machten ihn zu einem absoluten Publikumsliebling.

In vielerlei Hinsicht gehören die Dan mit zu den weltweit ersten Drag-Artists. Die gemusterten Gewänder, Xingtou oder Xifu, wurden mit der Zeit immer luxuriöser, von Leinen bis hin zur feinsten Seide. Die verzierten Motive und kräftigen, leuchtenden Drucke aber sind über die Zeit ähnlich geblieben. In Kombination mit Make-up, Musik und Bewegung zaubern diese Roben die Art von übertriebener weiblicher Schönheit, die Drag Queens zu erschaffen anstreben.

VAUDEVILLE VARIETÉ

Gegen Ende des 18. Jahrhunderts wurden in Europa mehr und mehr dramatische Meisterwerke von eher leichtfüßigen Vaudeville Varietés abgelöst, die komödiantische Stand-up-Einlagen mit urkomischen, satirischen Liedern kombinierten. Darbietungen wie diese gab es zunächst in französischen Varieté-Shows zu sehen, wo sie mit ihrer verspielten und humoristischen Note in den sonst ausschließlich aus Gesangs- und Tanzeinlagen bestehenden Extravaganzen hervorstachen. Kein Wunder, dass Vaudeville sich innerhalb kürzester Zeit weit über Frankreichs Grenzen hinaus größter Beliebtheit erfreute. Performances, in denen Witze gerissen und Parodien gesungen wurden, füllten Konzerthallen und Veranstaltungsorte in Großbritannien und den USA. Drag-Artists fühlten sich von der augenzwinkernden Sichtweise auf die Welt ganz selbstverständlich angezogen und witterten die Gelegenheit, vor großem Publikum spielen und die Geschlechterverhältnisse auf die Schippe nehmen zu können. Mit gleichsam albernen und subversiven musikalischen Darbietungen, Imitation und Humor neckten und unterhielten sie das Publikum.

PANTOMIME

Obwohl Ende des 17. Jahrhunderts das Auftrittsverbot für Frauen aufgehoben wurde, setzte sich die Begeisterung für cross-gender Performances in der sehr britischen Kunstform der Pantomime weiter fort: eine Art Slapstick-Theater, populär vor allem zur Weihnachtszeit. Frauen ergatterten die Rollen „junger Helden", in denen sie junge Männer spielten. Rollen, die für viele Drag Kings den Anfang ihrer Karriere markierten. Crossdressing wurde zum Gag der Show, in denen die Künstlerinnen sich darüber lustig machten, nun endlich von der Enge weiblicher Kleidung befreit zu sein. Einige dieser Rollen sind noch heute sehr beliebt: die Pantomime-Dame – bekannt für ihre derben, *campen* Witze – sowie Peter-Pan-Darsteller – ein mutiger Witzbold, der die Herzen des Publikums stehlen soll. Sie waren frühe Beispiele für Drag-Artists, die die Menschen vor allem mit Gags und Sketchen erreichten. Sie verstanden, dass Lachen die Subversion leichter verdaulich machte – etwas, das Drag auch heute noch für sich zu nutzen weiß.

AUFSTIEG DER DRAG KINGS

Auch, wenn das viktorianische England notorisch repressiv gewesen sein mag, als Vaudeville sich seinen Weg in die Varietés bahnte, brachte es auch eine verblüffend elegante Gruppe an Drag Kings hervor.

Die Männerrollen unterschieden sich zum Teil sehr stark voneinander. Ähnlich war ihnen allen, dass ihr Charme und ihre ironischen Männlichkeitsdarstellungen im Publikum großen Anklang fanden. Vesta Tilley verstand es, von sanften, sentimentalen Liedern zu mitreißenden Musical-Nummern zu wechseln. Mit ihrem Vater als Manager bereiste sie die ganze Welt. Die Erlöse ihrer fast ausverkauften Abschiedstournee 1919 spendete sie an wohltätige Zwecke. Florence Hines, ein Schwarzer Drag King, war Teil der Musical Revue „The Creole Show“, die sich aus Minstrel-Shows heraus entwickelte, um Schwarze Künstler*innen in neuem Licht würdig zu porträtieren, und begann, dort an ihrer Männerrolle zu feilen. Hines Markenzeichen war die Rolle des „Dandys“, einem modischen großbürgerlichen Exzentriker. Berichten zufolge war sie die am besten verdienende Schwarze Frau ihrer Zeit.

Die Blütezeit des Vaudeville wurde später durch die Große Depression getrübt, doch vorher brachte sie eine Reihe von Stars wie Ella Shields und Annie Hindle hervor, die das Publikum in Großbritannien und den USA bezauberten.

oben von links nach rechts: Vesta Tilley, Annie Hindle, Florence Hines, Ella Shields

CROSSDRESSING ALS DELIKT

Drag und Crossdressing wurden auf der Bühne inzwischen mehr und mehr akzeptiert, auf den Straßen allerdings war dies nicht der Fall. Im ausgehenden 19. Jahrhundert traten in mehr als vierzig Bundesstaaten – Ohio war 1848 einer der ersten – Gesetze in Kraft, die Crossdressing verboten. Eine Reihe von Menschen wurden vor Gericht geschleift, darunter auch Oscar Johnson, der 1890 in San Francisco für das Tragen von „Frauenkleidung" in der Öffentlichkeit festgenommen wurde. Vordergründig wurde behauptet, diese Gesetze seien erlassen worden, um gegen Prostitution vorzugehen: Crossdressing galt unverkennbar als sexualisiert. Bei Frauen, die sich als Männer kleideten, ging es eher darum, ein Ideal von Weiblichkeit zu erzwingen. Alle, die auch nur im Entferntesten der heutigen Definition von trans entsprachen, standen von vornherein unter Verdacht: Sie wurden bedroht, misshandelt und in einigen Fällen sogar sexuell missbraucht.

Frühe Drag Balls wurden abwertend „Fag Balls" genannt und queere Menschen dafür bestraft, sich von der gesellschaftlich normierten Idee von Mann und Frau nicht einschränken zu lassen. Drag-Artists mögen die Vaudeville- und Theaterwelt dominiert haben, doch sobald Crossdressing über die reine Bühnenperformance hinausging, war die Resonanz deutlich ablehnender. Zum ersten Mal gewann Drag international an Einfluss – und es waren Drag Kings, die die Führung übernahmen.

THE ART

OF GLAMOUR

1900ER–1950ER

Als in den 1920er-Jahren der 18. Zusatzartikel zur Verfassung der Vereinigten Staaten von Amerika in Kraft trat, das sogenannte Prohibitionsgesetz, machten sich kriminelle Gangs an die Arbeit und verwandelten Underground-Clubs in hedonistische Tummelplätze voll guter Unterhaltung. Das Ergebnis war die berühmt-berüchtigte Ära des Jazz, die große Stars hervorbrachte: afroamerikanische Jazz-Musiker*innen, Flapper und Drag-Mavericks. Zum ersten Mal wurden sie nicht bloß akzeptiert, sondern für ihre Fähigkeiten gefeiert!

In dieser Zeit zielte Drag darauf ab, das Publikum sowohl zu schockieren als auch zu entzücken. Die Beliebtheit von Vaudeville klang zwar noch bis ins frühe 20. Jahrhundert hinein nach, aber Drag-Performances zielten mittlerweile vielmehr auf *Realness* (Echtheit) ab als auf Comedy. Ganz konkret hieß das, weibliche bzw. männliche Schönheit so makellos zu imitieren, dass niemand mehr sagen konnte, ob es Drag war oder nicht. Vorbei die Tage der *campen* Pantomime, an ihre Stelle trat fesselnde Fantasie.

Durch die steigende Beliebtheit von Frauendarstellern und die kurze Episode des „Pansy Craze" in den frühen 1930er-Jahren waren *femme* (betont feminine) Drag-Artists beliebter denn je. Mit dem Ende der Prohibition verflog allerdings auch die Feierlaune, da Zensuren und Gesetze Drag-Artists von den Bildschirmen und Bühnen verbannten. Doch selbst während dieser Drag-Dürre wurden Glamour und Hedonismus der Jazz-Ära von den Künstler*innen am Leben erhalten. In den späten 1950er-Jahren dann schien sich ein Wandel hin zu einer progressiveren Gesellschaft abzuzeichnen.

JULIAN ELTINGE & BERT SAVOY

Auch, wenn in den 1920er- und 1930er-Jahren die Begeisterung für Vaudeville abnahm, stachen zwei Drag Queens aus der Masse hervor und wurden berühmt: Julian Eltinge (oben links) und Bert Savoy (oben rechts). Beide beeindruckten das Publikum mit einer Mischung aus Comedy, Musik und Kostümen, doch ihre Art von Drag unterschied sich komplett voneinander, ja, sie waren sogar erbitterte Rivalen. Eltinge wurde innerhalb kürzester Zeit berühmt und wechselte schnell von Theaterbühnen zu Stummfilmen. Bei ihm war Drag fulminant, feminin, fantastisch: Mit aufgetakelten Perücken, glamourösen Gewändern und makellosem Make-up überzeugte er das Publikum davon, eine Frau zu sein. Eltinge nutzte dieses trügerische Gefühl der Sicherheit, indem er im richtigen Moment dramatisch seine Perücke vom Kopf zog. Über ihn ist viel berichtet worden: Er war nicht nur einer der weltbesten Vaudeville-Darsteller, er brachte sogar eine eigene Kosmetik-Linie auf den Markt und hatte ein ihm gewidmetes Fan-Magazin.

Wo Eltinges Eleganz eher subtil war, zeigte sich Bert Savoy laut und überdreht. Er prägte die *Catchphrases* „You slay me" („Du schaffst mich", „Du machst mich fertig") und „You don't know the half of it!" („Du kennst nicht mal die Hälfte" meint „Du hast keine Ahnung!" oder „Das ist nur die halbe Wahrheit"), die noch heute bekannt und in Gebrauch sind, und machte sich so einen Namen. Es wird behauptet, dass sich sogar Hollywood-Stars wie Mae West von seiner Art des Drag inspirieren ließen und als Hommage an Savoys Charisma ihr eigenes *Camp*-Sein auf die Spitze trieben.

FEMME FANTASIE

In der Jazz-Ära waren „high-femme"-Ästhetiken en vogue. Nachdem extravagante Kostüme und Make-up Jahrhunderte lang Mode waren, fuhren Drag-Artists nun einen Gang runter und imitierten die Schönheitstrends ihrer Zeit: bleistiftdünne Brauen, geschminkte Lippen und Smokey Eyes. Ziel war es, die gleiche, überhöhte und idealisierte „Femme Fantasie" zu kreieren, die auch Hollywood-Stars so perfekt inszenierten – selbstverständlich mit einem besonderen Dreh.

DIE ROCKY-ZWILLINGE

Leif und Paal Roschberg, zwei Brüder aus Norwegen, besser bekannt als die Rocky-Zwillinge, zogen mit ihren zarten Gesichtszügen und makellosen Tanzdarbietungen das Publikum von Paris aus über den ganzen Globus in den Bann.

Glamour war ihre Stärke, ihr Look typisch 1920er-Jahre. In Drag trugen sie kurze Perücken, hatten schwarz umrandete Augen und leuchtende Lippen, kleideten sich in fransigen Flapper-Kleidern und Pelzstolen; als Männer wechselten sie zu schneidigen Smokings, glänzend polierten Schuhen und gekämmten und gegelten Haaren.

Bekannt wurden sie mit einer Drag-Version der Dolly-Schwestern, Vaudeville-Artists, die sich einige Jahre vor dem Ruhm der Rocky-Zwillinge aus dem Geschäft zurückgezogen hatten. Fans liebten vor allem die Schönheit der Rockys, die weniger künstlich und übertrieben war als bei anderen Drag-Acts der Zeit. Ihre schillernde Anziehungskraft zog alle Geschlechter an.

MARLENE DIETRICH

Ihre gesamte Karriere spielte die in Berlin geborene Schauspielerin Marlene Dietrich mit der Idee von Geschlechterbildern. Sie erarbeitete sich einen Ruf als Chamäleon, mühelos zwischen Smoking und Ballkleid wechselnd.

In eher maskulinen Rollen – vor allem in „Marokko" (1931, ursprünglicher Titel „Herzen in Flammen") – ging sie voll und ganz in der Figur auf. Ihre Liebe fürs Detail zeigte sich, indem sie Kostümbildner*innen anwies, auf „feminine Stoffe" wie Seide zu verzichten, um die Illusion aufrechtzuerhalten. In Filmen wie „Der Blaue Engel" (1930) und „Der Teufel ist eine Frau" (1935) hingegen überspitzte sie ihre Weiblichkeit mit Federn, Schleiern und einer Aura der Verführung.

Unabhängig von ihren Rollen strahlte Dietrich Charisma aus. Jede neue Rolle war eine Möglichkeit, Stereotype von Maskulinität und Feminität zu durchbrechen. So wurde sie zu einem der einflussreichsten Stars der Jazz-Ära.

BARBETTE

Als der 14-jährige Vander Clyde für das Akrobatik-Duo „The Alfaretta Sisters" vorsprach, war dem jungen Texaner nicht klar, dass er für die Rolle in Drag zu erscheinen hatte. Innerhalb weniger Jahre perfektionierte er seine Kunst und kurz darauf startete er seine Solokarriere. Im Jahr 1919 war Barbette geboren.

Mit seinem Drag-Alter Ego wurde Clyde berühmt: Als Drag-Zirkusartist, Trapezkünstler und Hochseilakrobat bereiste er die Welt und erarbeitete sich so eine Fangemeinde. Bei seinen Reisen wurde Clyde klar, dass das Publikum ihn nicht als Drag-Performer wahrnahm. Sie waren durch seine gelockten Haare und seine durchscheinenden, verzierten Outfits überzeugt, er sei eine Frau. Also beendete er die Shows, indem er maskuline Posen einnahm und als Höhepunkt seine Perücke vom Kopf riss, ein Markenzeichen, das das Publikum stets mit einer Mischung aus Schock und Aufregung beantwortete.

Seine wachsende Popularität führte zu einer Tournee durch Paris, wo er neben Stars wie Julian Eltinge und Josephine Baker bejubelt wurde. Das verschaffte ihm die Anerkennung surrealistischer Künstler wie Man Ray und Jean Cocteau – Letzterer war so beeindruckt, dass er einen kompletten Essay über Barbettes Fähigkeit schrieb, mühelos zwischen männlichen und weiblichen Zügen zu wechseln. Für Cocteau war Barbette ein Genie.

Obwohl Vander Clyde Ende der 1930er-Jahre aus gesundheitlichen Gründen seine Bühnenkarriere beenden musste, arbeitete er weiter an seinem Vermächtnis: als Filmchoreograf und Künstlerischer Leiter für eine Vielzahl renommierter Zirkusse. Gerüchten zufolge soll sein Leben sogar Vorlage für den 1933 erschienen Film „Viktor und Viktoria" (s. Seite 38) gewesen sein, in dem die Heldin sich nach jeder Vorstellung ihre Perücke vom Kopf reißt. Ganz gleich, ob der Film eine Hommage war, zeigt dies, wie weit Barbettes Einfluss reichte.

GLADYS ALBERTA BENTLEY

Mit Zylinder, Smoking und ihrem charakteristischen sexy Knurren gehörte Gladys Alberta Bentley zu den unverwechselbarsten Stars der Harlem-Renaissance. Ihre Karriere begann im New Yorker Stadtteil Harlem, als sie auf eine Anzeige antwortete, in der nach einem Pianisten gesucht wurde. Bentley, die als Kind oft die Kleidung ihres Bruders getragen hatte und dafür regelmäßig bestraft worden war, zog sich klassische Männerkleidung an und bekam den Job.

Ich den darauffolgenden Jahren wurde Bentley zu einem renommierten Drag King und Musiker – und Frauenheld, der unverkennbar mit dem Publikum flirtete. Mit der Zeit wuchs auch das Selbstbewusstsein: Bentley wurde immer adretter, trug längere Anzüge und höhere Zylinder – selbstverständlich stets mit dem dazu passenden Gehstock. Sie genoss es, mit Geschlechtervorstellungen zu spielen. Berühmt waren vor allem die Auftritte im Lafayette Theater, gemeinsam mit einer Gruppe von sechs zart-weichen cis Männern, die sie einen „hinreißenden Mann" nannten.

Bentleys Charisma faszinierte auch andere Künstler*innen. Ihre unverwechselbaren musikalischen Darbietungen brachten ihr das Lob des Schriftstellers Langston Hughes ein, und in Carl Van Vechtens „Parties: Scenes from Contemporary New York Life" basiert eine Figur auf ihr. Als Schwarze, gendernonkonforme lesbische Vorreiterin ebnete sie ohne Zweifel den Weg für spätere Generationen von Drag Kings.

JOSEPHINE BAKER

Es gibt wenige Performerinnen, die so ikonisch stellvertretend für die Ära des Jazz stehen wie Josephine Baker, „die Schwarze Venus". In St. Louis, USA, geboren und aufgewachsen, machte sie sich in New York als Vaudeville-Künstlerin einen Namen, bis sie 1925 nach Paris zog, wo sie als Erotiktänzerin, Entertainerin und Schauspielerin berühmt wurde. Dort lernte sie, ihre Weiblichkeit bewusst übertrieben darzustellen und mit mehr Erotik aufzuladen, was sie auf eine Stufe mit den progressivsten Drag Queens ihrer Zeit stellte.

Bakers Sex-Appeal ist und bleibt legendär, genauso wie ihr Bananenrock, den sie bei einem ihrer provokativsten Auftritte trug, dem „La Danse Sauvage". Mit kaum mehr als Perlen und einem BH bekleidet räkelte sie sich vor der Pariser Elite, bevor sie unter tosendem Applaus die Bühne verließ. Innerhalb weniger Monate hatte sie sich den Titel „Queen of Paris" erarbeitet. Baker trat in immer aufwendigeren Kostümen auf, begleitet von ihrem Haustier, dem Geparden Chiquita. Ihr meisterhaft spielerischer, *camper* Sex-Appeal manifestierte ihren Status als Pionierin des Jazz-Zeitalters. Ungeachtet der *weißen* Theaterkritik, die sich verwundert darüber zeigte, dass eine junge Schwarze Frau mit ihren Auftritten nahezu alle in der Stadt übertraf, glänzte Baker weiter mit ihren Darbietungen und wurde zur Inspiration für zahlreiche Künstler*innen – ob in Drag oder nicht.

TAKARAZUKA-TRUPPE

Als Kobayashi Ichizō, Präsident der Eisenbahngesellschaft, 1913 eine Musikschule erbaute, verfolgte er ein einfaches Ziel: den Tourismus im japanischen Küstenort Takarazuka und den Verkauf von Zugtickets in Schwung zu bringen. Mit dem Projekt wollte er nicht nur neues Publikum für seine Bahnstrecke gewinnen, sondern auch einen langgehegten Frust über das elitäre Theater bewältigen.

Seine bahnbrechende Idee: eine Gruppe von Mädchen und jungen Frauen auszubilden, die lebhafte, unterhaltsame Shows aufführten, die eher westlichen Revues ähnelten als traditionellem japanischen Theater. Ichizō verlor keine Zeit, und bereits 1914 engagierte und trainierte er Schauspielerinnen für die Uraufführung von „Donburako", die Geschichte des Jungen Momotarō, der in einem Pfirsich auf einem Fluss treibt. Die Inszenierung war ein voller Erfolg – so erfolgreich, dass die Truppe während beider Weltkriege weiter auftreten konnte.

Mit der Zeit wurden die Produktionen immer ausgefallener und beinhalteten alles von Can-Can-Tänzen bis hin zu Burlesque. Kostüme und Make-up waren in der Regel sehr extravagant und konnten nach Art der Inszenierung stark variieren, doch ein wesentliches Merkmal der Takarazuka war es, dass die Schauspielerinnen damals wie heute sowohl Frauen- als auch Männerrollen spielten. Darin war es vom frühen Kabuki beeinflusst.

Trotz dieses Ethos wurde die Gruppe weiter von Männern geleitet, die Frauenrollen waren oft zweidimensional und die Darstellung Schwarzer Charaktere sehr problematisch. Im Laufe der Zeit entstanden mehr androgyne Rollen und die Truppe, die auch heute noch performt, ließ ihre rassistischen Figurenzeichnungen hinter sich, um endlich ihre wahre Brillanz zum Vorschein zu bringen.

DRAG AUF DER KINOLEINWAND

Zu Beginn des 20. Jahrhunderts zeigten sich Stummfilmstars zum ersten Mal in Frauenkleidung auf der Kinoleinwand. Diese ersten Darstellungen nutzten Drag lediglich als Pointe: Schlechte Kostüme und maskulines Auftreten sollten dazu dienen, das Publikum zu amüsieren. Ein Beispiel hierfür ist „Sweedie", ein schroffes, schwedisches Dienstmädchen, das von Wallace Beery in rund 30 Kurzfilmen verkörpert wurde. Die Chaplin-Brüder Charlie und Sydney setzten da schon mehr auf die Illusion der Weiblichkeit, wenn sie in Filmen wie „Die Maskerade" (1914) und „Charleys Tante" (1925) in Frauenkleider schlüpften.

VIKTOR UND VIKTORIA

Die wohl bekannteste Momentaufnahme der Drag-Szene des Jazz-Zeitalters war der 1933 in deutscher Sprache erschienene Film „Viktor und Viktoria". Der Film zeigt das Leben einer erfolglosen jungen Schauspielerin, die den Rat ihres Managers annimmt und „Frauendarsteller" wird. Überaus überzeugend wird sie über Nacht zur Sensation, doch dieser Ruhm wird ihr zum Verhängnis, als ihre Bewunderer ihre Geschlechtsidentität infrage stellen.

Drag ist in sich schon typisch 1920er-Jahre-Glamour. Aber was den Film wirklich herausstechen ließ, war seine unbeabsichtigt radikale Haltung zu Drag, die das Publikum heute ganz selbstverständlich hat: Auch Frauen können großartige Drag Queens sein. Dieser Film brachte Drag als Kunstform auch einem Mainstream-Publikum näher (mehr noch, als er 1982 als „Victor/Victoria" mit Julie Andrews in der Hauptrolle neu verfilmt wurde) und verewigte die schillernd schönen Ästhetiken der Jazz-Ära auf Film.

MANCHE MÖGEN'S HEISS

„Manche mögen's heiß" (1959) war ein weiterer Film, der alles auf den Kopf stellte. Doch auch hier beruht die Handlung auf platten Klischees. Zwei Männer, gespielt von Jack Lemmon und Tony Curtis, verkleiden sich als Frauen, um der Mafia zu entkommen, bis sich einer von ihnen in die unbeschreiblich glamouröse Marilyn Monroe verliebt. Im Laufe des Films stellt sich dann heraus, dass Drag für sie mehr ist als bloß alberne Verkleidung.

Die Männer verbessern sich nicht nur darin, die verführerische Illusion einer Frau zu erschaffen, sie fangen sogar an, die Verkleidung zu genießen und als Kunstform zu schätzen. Und dann ist da ja noch Marilyn, die Meisterin übertriebener Weiblichkeit, die noch heute von Drag Queens auf der ganzen Welt nachgeahmt wird. Sie nahm den Typus des „dummen Blondchens" an und erschuf die Art von schüchterner, verspielter Weiblichkeit, die das tut, was Drag am besten kann: sich über Geschlechterstereotype lustig machen. Noch beeindruckender war, dass der Film es schaffte, sich irgendwie am Hays Code vorbeizumogeln, der 1930 in Kraft trat, um „entwürdigende Inhalte" zu verbieten – was meist „queere Inhalte" meinte. „Manche mögen's heiß" war in Bezug auf Drag sowohl freudige Feier als auch gewagtes Statement.

PANSY CRAZE

Gegen Ende des 19. und Anfang des 20. Jahrhunderts wuchs die Popularität von Drag durch Vaudeville, Kabarett und die extravagante Drag-Ball-Kultur, die in New York immer beliebter wurde. Um 1930 nahm die Faszination dafür schlagartig zu, eine Zeit, die als *Pansy Craze* bekannt wurde – es waren die Jahre, in denen Schwulenclubs und schwule Performer mit einem Mal eine Welle an Begeisterung und Popularität entgegenschlug, bevor 1933 die Prohibitionsgesetze aufgehoben wurden.

Weder waren Pansys immer schwul, noch tatsächliche Drag-Acts: Im Grunde waren es Männer, die zur Unterhaltung des Publikums auf der Bühne Weiblichkeit performten. Die Begeisterung (der *craze*) fiel mit der steigenden Zahl an queeren Künstler*innen in New York zusammen, die vom Versprechen auf günstige Mieten und offen schwulenfreundliche Bars angezogen wurden. Kaum hatten die 1930er-Jahre begonnen, schon priesen prestigeträchtige Magazine wie *Variety* die Pansys vom Big Apple über Paris bis nach Berlin.

DAS LEBEN IN NEW YORK

Drag-Acts waren zu der Zeit am beliebtesten. Rae Bourbon (Mitte rechts), in den 1930er- und 1940er-Jahren ein berühmter Drag-Artist, vereinte die Darstellung von Weiblichkeit mit anzüglichen Witzen, eine Kombination, die ihm sowohl eine landesweite Tour als auch einen Job als Modell für Damenbekleidung in einem kalifornischen Kaufhaus bescherte. Einen ähnlichen Erfolg erlebte Gene Malin (Mitte links), eine junge Drag Queen, bekannt für Auftritte in Clubs. Sein großer Durchbruch kam allerdings erst, als er Drag aufgab und stattdessen im Smoking mit einem extravaganten, gewagten Comedy-Programm auftrat. Diese neue Art von *camper* Comedy kam zwar in einigen Kritiken nicht sonderlich gut an, doch Berichten zufolge war Malin in dieser Zeit der bestbezahlte Nachtclub-Künstler New Yorks.

DIE SZENE IN EUROPA

Der Erfolg von Künstler*innen wie Barbette und Josephine Baker lockte queere Artists nach Paris, wo die lesbische Salon-Szene florierte. Diese exklusiven Zusammenkünfte boten einflussreichen queeren Frauen den Raum, sich zu treffen und über Kulturelles auszutauschen, was bei weitem nicht so ernst war, wie es klingt: Gerüchten zufolge waren diese Salons voller Gelächter, Theater-Einlagen und Unterhaltung, und die Gästeliste war voller hochkarätiger, kreativer *Power Couples*. Und dann waren da noch die Berliner Drag Balls, die sich nach und nach einen eigenen Ruf erarbeiteten. Die *Pansy Craze* war vielleicht nur von kurzer Dauer, aber den Erfolg, den sie queeren und Drag-Artists im Mainstream bescherte, hatte auf die öffentliche Wahrnehmung der Künstler*innen nachhaltigen Einfluss. Für diese paar Jahre wurden LGBTQ+-Performer*innen als das gesehen, was sie wirklich waren: wahre Bohemians.

JEWEL BOX REVUE

In den Jahren nach der *Pansy Craze* stieg das staatliche Vorgehen gegen die Drag und queeren Communitys stark an. Trotzdem gab es eine Handvoll Erfolgsgeschichten, darunter die „Jewel Box Revue“: eine 1939 gegründete Gruppe aus ausschließlich Drag-Artists – die erste ihrer Art. Als unkonventionelle Varieté-Show angekündigt, wurde die Revue in den Vereinigten Staaten ein landesweiter Erfolg, der auf beeindruckende Weise über zwei Jahrzehnte anhielt. Ihre renommiertesten Künstler*innen wurden zu Legenden. Lynne Carter war, vor seiner beispiellosen Karriere als Solo-Kabarett-Star, bekannt für seine überaus treffenden Imitationen diverser Berühmtheiten – seine Version von Josephine Baker beeindruckte die wahre Baker so sehr, dass sie ihm drei Taxis voll mit Kleidern von Dior und Balenciaga zukommen ließ.

Und dann war da noch Lavern Cummings, der vor allem für seine Fähigkeit berühmt war, zwischen extrem hohen und tiefen Noten zu wechseln, und das im Handumdrehen – oder besser gesagt: im Herunterziehen seiner Perücke. Sein Drag war makellos, mit sorgfältig frisierten blonden Perücken, Federboas und figurbetonten Ballkleidern. Seine charismatische Persönlichkeit machte ihn später zu einem der berühmtesten Performer im Finocchio's, einem Club in San Francisco, der für Drag-Shows bekannt war, bei denen Live-Sänger*innen anstatt Lip-sync-Artists auf der Bühne standen.

Die Revue förderte auch Talente wie Stormé DeLarverie, Aktivistin und später einer der wichtigsten Namen im internationalen Kampf für die Rechte von Homosexuellen. Mitte der 1950er-Jahre schloss sie sich der Gruppe an, wurde der MC („Master of Ceremonies“) für die Revue und der erste Drag King, der mit ihnen auf Tour ging. Über die Jahrzehnte kamen und gingen Drag Queens unterschiedlichster Art, doch der Schwerpunkt blieb immer auf der für die Revue typischen Mischung aus Eleganz und schlagfertiger Unterhaltung.

THE ART

OF WAR
THE
PEOPLE
STONEWALL

1950er–1970er

Queers sind seit Anbeginn der Zeit und überall auf der Welt in ihrer bloßen Existenz der Gewalt und dem Spott queerfeindlicher Menschen ausgesetzt. Auch, wenn sie immer Wege gefunden haben, sich zu wehren, wurde der breiten Öffentlichkeit erst Anfang der 1960er-Jahre klar, dass queere Menschen nicht der Belustigung dienen, sondern reale Menschen sind, die es leid sind, schlecht behandelt zu werden. Grund dafür waren eine Reihe von Aufständen, die von Drag Queens und trans Communitys angeführt wurden.

Gruppen von Aktivist*innen existierten selbstverständlich auch schon vor den 1960er-Jahren – „The Mattachine Society“ und „The Daughters of Bilitis“ wurden beide in den 1950er-Jahren gegründet –, aber erst durch die legendären *Stonewall Riots* (Unruhen/Aufstände) wurden für die Forderungen nach mehr Toleranz radikalere Mittel eingesetzt. Es war ein Meilenstein und Wendepunkt, der den Weg für die „Gay Liberation Front“ ebnete, eine politische Interessenvertretung, die für viele der hart erkämpften Errungenschaften im Kampf um queere Befreiung verantwortlich ist.

Der Geist des Widerstands blieb in der kompromisslosen und stolzen Drag-Welt ein hohes Gut. Drag-Artists wie Marsha P. Johnson oder Stormé DeLarverie waren die Wortführerinnen bei Stonewall, während die Drag-Ikone Crystal LaBeija gegen die *weiß*-dominierte Drag-Szene rebellierte.

Die Botschaft war laut und deutlich: Queers schlagen zurück.

COOPER'S DO-NUTS-AUFSTAND

1963 veröffentlichte der Schriftsteller John Rechy sein teils autobiografisches Debüt „City of Night" („Nacht in der Stadt") über einen schwulen Sexarbeiter in Los Angeles. Die charismatischen Figuren – allesamt Sexarbeiter, trans oder Drag Queens – wurden mit dem Buch berühmt, doch ein Kapitel stach besonders hervor: die Geschichte um den „Cooper's Do-nuts-Riot" von 1959, vermutlich einer der ersten queeren Aufstände in den USA. Der 24/7-Donut-Shop lag versteckt im sogenannten schwulen Ghetto von Los Angeles, wo Polizeikräfte routinemäßig Crossdresser belästigten, die sich dort trafen. Doch an einem schicksalhaften Tag im Mai 1959 wurde ihnen nach dem Versuch, fünf Personen zu verhaften, mit gewaltvollem Widerstand begegnet. Die Polizei wurde mit Kaffeebechern, Müll und allem beworfen, was die Umstehenden zu fassen bekamen. Verstärkungswagen kamen, um die gesamte Straße zu blockieren, doch dem zum Trotz gab dieser eher kleine Aufstand den Ton für das kommende Jahrzehnt an.

STONEWALL RIOTS

In den 1960er-Jahren standen Polizeirazzien überall dort an der Tagesordnung, wo Queers sich trafen. Doch die Communitys trotzten diesen Schikanen mehr und mehr. Das harte Vorgehen in Compton's Cafeteria im Bezirk Tenderloin in San Francisco eskalierte, als eine trans Frau ihren Kaffee in das Gesicht eines Polizeibeamten schüttete. Ihre Freundinnen – allesamt trans Frauen – taten es ihr gleich und prügelten auf die Polizisten mit ihren Taschen und Heels ein.

Drei Jahre später lösten Unruhen im New Yorker Stonewall Inn eine Woche anhaltende Aufstände und die allererste Pride-Parade überhaupt aus. Zu der Zeit war der Laden eine heruntergekommene Bar mit überteuerten, verwässerten Drinks. Die New Yorker Behörden waren bekannt dafür, „Schwulenbars" keine Alkoholausschanklizenz zu geben, weswegen der hiesige Mafioso Fat Tony auf der Bildfläche erschien und für den Laden die Lizenzen umging, indem er ihn fälschlicherweise als „Bottle Club" auszeichnete – ein privates Etablissement, in dem Mitglieder ihren eigenen Alkohol mitbringen durften, allerdings nur für sich selbst. Razzien waren an der Tagesordnung, die allerdings durch interne Hinweise und Bestechungsgelder beigelegt werden konnten. In der Nacht zum 28. Juni 1969 jedoch änderte sich all das schlagartig.

Zivilfahnder stürmten das Lokal. Sie ließen alle Gäste reihum aufstellen, kontrollierten ihre Ausweisdokumente und verübten übergriffige Toilettenkontrollen, um sicherzustellen, dass niemand die Crossdressing-Gesetze brach. Der Aufruhr eskalierte, nachdem die Gäste sich weigerten, mit der gewalttätigen Polizei zu kooperieren. Diejenigen, die aus dem Lokal rausgeworfen wurden, verspotteten die Polizeibeamten mit *Camp Salutes*, während die draußen größer werdende Menge applaudierte. Als Verstärkung einfuhr, um die verhafteten Opfer mitzunehmen, kippte die Stimmung und Chaos brach aus. Die Menge schmiss, was immer sie finden konnte, und die Verhafteten konnten fliehen.

Berichte darüber, wie es ab diesem Zeitpunkt weiterging, variieren. Die Polizei wurde mit den unterschiedlichsten Gegenständen beworfen, von Ziegelsteinen über High Heels bis hin zu Molotowcocktails. Manche glauben, eine heute nicht näher bekannte Drag Queen schlug als Erstes einen Polizisten (mit ihrem Schuh); andere sagen, Stormé DeLarverie brachte den Stein ins Rollen, indem sie einen Polizisten schlug und der Menge zurief: „Warum tut ihr nichts dagegen?" Wer auch immer die Sache angestiftet hat, diese Konfrontation hatte legendäre Folgen: Es entfachte Demonstrationen, die sechs Nächte andauerten, und trat eine globale aktivistische Bewegung für die Rechte von Homosexuellen los. Stonewall war vielleicht nicht die erste queere Revolte, aber es war ein Schlachtruf, den die ganze Welt hörte.

DIE SHEROES VON STONEWALL

Wir werden vermutlich nie genau wissen, was wirklich während der ersten Unruhen in Stonewall passierte, aber alle Geschichten darüber berichten von den drei mutigen *Sheroes* (von links nach rechts): die trans Frauen Sylvia Rivera und Marsha P. Johnson (die sich auch als Drag Queen bezeichnete) und die Butch-Lesbe Stormé DeLarverie. Alle waren gendernonkonforme People of Color, die sich noch Jahre nach den Stonewall Riots für queere Belange einsetzten.

Stormé wurde bekannt als erster Drag King der „Jewel Box Revue". Sie war eine charismatische Performerin, die ihre Talente später nutzte, um Geld für die Opfer von Missbrauch und häuslicher Gewalt zu sammeln. Sylvia und Marsha wurden die Mitbegründerinnen von STAR (Street Transvestite Action Revolutionaries), einer Organisation für die Rechte von trans Personen, die sie mit Leidenschaft, Überzeugung und den gleichen radikalen Protestmethoden leiteten, die überhaupt erst die „Gay Liberation Front" dazu brachte, wirkliche politische Veränderungen herbeizuführen. Ohne queere Vorreiterinnen wie sie hätte es sehr viel länger gedauert, all das zu erreichen.

MARVELOUS MOFFIES

In der zweiten Hälfte des 20. Jahrhunderts blühte das queere Nachtleben auch außerhalb Nordamerikas auf. In Kapstadt, Südafrika, wurde 1959 eine Fotoserie über Drag Queens im *Drum Magazine* veröffentlicht, das zu der Zeit berühmt war für seine Berichte über das Leben unter dem Apartheidregime. Die Fotos von Ian Berry beim „Madam Costello's Ball" – ein Drag Ball in Kapstadt ähnlich denen in Harlem, New York – zeigten die zahlreichen Festnahmen unter folgender Überschrift: „Oh, also das nennen sie ein Cape Moffie Drag".

„Moffie" ist ein Slang-Sammelbegriff, der ein Spektrum von Männern beschreibt, die nicht in die gesellschaftlichen Vorstellungen von Männlichkeit passen: vom femininen schwulen Mann hin zu *out-and-proud* Drag Queens. Mit der Veröffentlichung der Fotos wurden auch die glossy Lippen, die geschminkten Gesichter und die wunderschönen Ballkleider zur Sensation, und ähnliche Partys tauchten in Johannesburg auf. Leider dauerte es nicht lange, bis die Anzahl der Razzien in öffentlichen und privaten queeren Räumen anstiegen. Mit dem „Immorality Act" von 1967 sollten Drag und gleichgeschlechtliche Beziehungen vollumfänglich unterdrückt werden.

Trotz der neuen Gesetze entwickelte sich die Moffie-Kultur lebhaft weiter, bis in den 1970er-Jahren die Gewalt unter dem Apartheidregime komplette Communitys vertrieb. Fotografische Beweise dieser lebhaften Szenen sind größtenteils verloren gegangen oder wurden zerstört; eine Ausnahme bildet das umfangreiche Archiv von Kewpie. Kewpie war Friseur*in, genderfluid und Stammgast im queeren Nachtleben. Bei einer Ausstellung im Jahr 2019 erfuhr diese Sammlung öffentliche Anerkennung. Die Bilder zeigen sowohl den Glamour der versteckten Ballroom-Szene als auch die Liebe und den Community-Spirit, der so viele Jahre der Widerstandskraft und des Durchhaltevermögens möglich gemacht hat.

THE QUEEN

Nur zwölf Monate bevor Stonewall die USA wachrüttelte, wurde Regisseur Frank Simon von der Filmkritik im ganzen Land für seinen glamourösen und unterhaltsamen Dokumentarfilm „The Queen" gefeiert. Die Doku wirft einen exklusiven Blick hinter die Kulissen des „Miss All-America Camp Beauty Pageant" von 1967, ausgerichtet und organisiert von der Drag-Legende Mother Flawless Sabrina. Das hier war etwas völlig anderes als die rauen, elektrisierenden Drag Balls in Harlem, die die Teilnehmenden in *Vogue-Dance-Offs* und *Fierce-Walk-Offs* gegeneinander antreten ließen. Stattdessen entschieden sich die Organisator*innen für ein traditionelleres Schönheitswettbewerb-Modell, bei dem die Queens in allem, vom Badeanzug bis zu Laufsteg-Walks, bewertet wurden.

Doch es war nicht alles Gold, was glitzert. Zwischen den Auftrittsvorbereitungen und dem Stolzieren über die Bühne gab es Sequenzen, in denen die Teilnehmenden bei Gesprächen zu sexuellen Identitäten, dem Verbot für schwule Soldaten beim Militär oder den Unterschieden zwischen trans Frauen und Drag Queens gezeigt wurden. Diese Mischung aus high-*camp* Glamour und politischem Kommentar legte zweifellos den Grundstein für Shows wie „RuPaul's Drag Race", die Queens nahbar zeigen und feiern.

Was jeder Schönheitswettbewerb zweifelsohne braucht, ist Drama. Bei „The Queen" kam es in Form eines Manipulationsskandals. Nachdem Rachel Harlow die Krone gewann, beschuldigte Wettbewerbsteilnehmerin Crystal LaBeija Sabrina, voreingenommen gewesen zu sein und Harlow für den Sieg von Anfang an vorgesehen zu haben. Drag-Wettbewerbe waren in den USA erst im Entstehen, doch wurde ihnen bereits vorgeworfen, vor allem dünne, *weiße* und nach konventionellen Schönheitsidealen hübsche Queens zu bevorzugen. LaBeija wusste das nur zu gut, erfuhr sie doch jahrelang bei Wettbewerben rassistische Diskriminierung. Selbst in „The Queen" wurde in einem Vorwurf an sie die Formulierung „showing her colour" verwendet, weil sie es als Schwarze Performerin gewagt hatte, ihre Stimme zu erheben. „Ich habe ein Recht, sie zu zeigen, Darling", antwortete sie. „Ich bin wunderschön und ich weiß, dass ich wunderschön bin!"

In der wohl bekanntesten Filmszene hält LaBeija einen bitterbösen Monolog und sagt über Harlow: „Ich sage nicht, dass sie nicht schön ist. Aber heute Abend sah sie nicht schön aus. Schau dir ihr Make-up an, es sieht schrecklich aus!" Sabrina – selbst Aktivistin und selbsternannter „Gender Clown" – leugnete vehement, dass die Ergebnisse vorher feststanden, doch Crystals Monolog ist und bleibt der ikonischste Moment der Dokumentation.

HOUSE OF LABEIJA

Die Geschichte der Drag Balls reicht bis ins ausgehende 19. Jahrhundert zurück, aber erst in den 1970er-Jahren wurde das erste „Haus" gegründet: das „House of LaBeija". Nachdem sie in „The Queen" allen die Show gestohlen hatte, sorgte Crystal LaBeija für genau diese Veränderung und gründete, von einem Freund ermutigt, ihren eigenen Ball. LaBeija stimmte zu, allerdings unter einer Bedingung: dass sie der Star des Ganzen wird. Sie erklärte sich zur „House Mother" und machte sich daran, ein Imperium aufzubauen.

Als Reaktion auf die unverhältnismäßig hohe Wohnungslosenrate unter LGBTQ+-Jugendlichen entstanden mehr und mehr „Houses" („Häuser"). Die „Mothers" („Mütter") oder „Fathers" („Väter") als Kopf der Häuser waren nicht nur Mentor*innen in der Kunst des Drag, sondern sorgten auch für finanzielle und emotionale Unterstützung und wurden so zur Wahlfamilie für queere Außenseiter*innen.

Von LaBeija und anderen BPoC Queers wurde der Drag Ball radikal umgestaltet. Vor den 1970er-Jahren traten Einzelne gegeneinander an; bald konkurrierten ganze Familien miteinander: um die Krone, um Preise und – am wichtigsten – um Respekt. Es stand nicht nur der eigene Name auf dem Spiel, sondern die Ehre der ganzen Familie. Da BPoC-Artists die Ballroom-Szene aufgebaut hatten, war sie insgesamt auch weit weniger rassistisch, als es die Drag-Schönheitswettbewerbe waren. Die Outfits waren ebenso kunstvoll, aufwendig und extravagant, aber die Performances orientierten sich an *Voguing* und es gab Punkte für Ausstrahlung und Charisma. Inklusivität war die Norm, und Diskriminierung in jeglicher Form wurde mit null Toleranz begegnet.

Jene Häuser, die in den 1970er- und 1980er-Jahren entstanden, wurden für die Drag-Kultur zu Legenden: House of Xtravaganza, House of Ninja, House of St. Laurent, House of Corey, House of Dupree – um nur einige wenige zu nennen. Und selbstverständlich das House of LaBeija. Nachdem Crystal verstarb, wurde ihr Titel einem ihrer Schützlinge, Pepper LaBeija, übertragen. Pepper blieb über drei Jahrzehnte die Matriarchin, trat in zahllosen Balls an und gewann mehr als 250 Trophäen. Heute führt eine neue, talentierte Generation die Häuser an: Kia LaBeija war von 2017 bis 2019 Mutter des Hauses, Freddie LaBeija Powell bis 2020 Vater und derzeit ist Vivian LaBeija *Queen Mother*. Und wer weiß, an wen der Staffelstab danach übergeben wird.

THE ART

OF FREAK

1960ER–1980ER

Freakiness war schon Teil von Drag, als zu den Zeiten sogenannter Freakshows „Halb-Mann-halb-Frau“-Performances das Publikum einluden, das Außergewöhnliche anzustarren und zu bestaunen. Als Nachspiel der Stonewall Riots gab es in den 1970er-Jahren so etwas wie eine Drag-Dürre, bis in den 1980er-Jahren eine Welle neuer Energie ausbrach, diesmal mit dem noch drängenderen Wunsch nach Störung des Establishments. In dieser neuen Ära des Drag wurden Schmutz, Sex und Skandale genutzt, um dagegen zu rebellieren.

Drag war mit einem Mal überall: auf den Bildschirmen, in den Radios und auf Theaterbühnen der ganzen Welt. Andy Warhols experimentelle Kurzfilme schockten die Kunstwelt und brachten queere und trans Superstars ins Rampenlicht. Drag Queen Divine nutzte den Kult um ihre Person, um in einer Reihe von hochkarätigen Filmen mitzuspielen, die ihre dreckige, disruptive Persona auf noch größere Bildschirme brachte.

Auch die Musikindustrie machte sich die Rebellion zu eigen. Die Radiostationen wurden von Genres wie Glam Rock und Disco dominiert, die für Androgynität bekannt waren und Superstars wie Grace Jones, Prince und David Bowie hervorbrachten. Das Publikum liebte sie und akzeptierte ihre Androgynität, was die Hoffnung aufkeimen ließ, dass dies nicht nur so bleiben – sondern zur Zukunft werden würde.

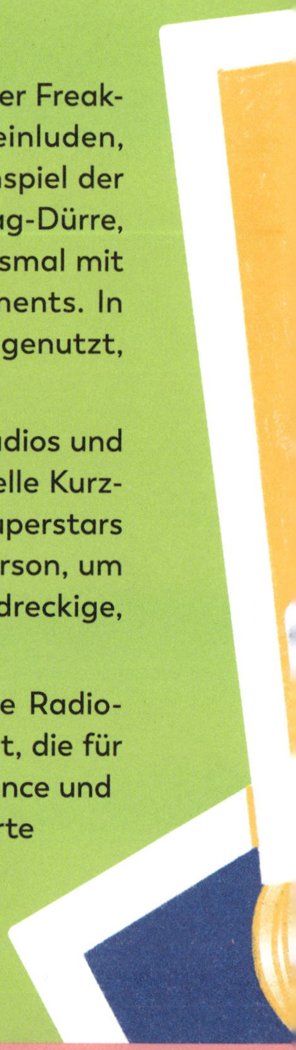

WARHOL UND DIE QUEENS

Bevor Andy Warhol eine weltweit bekannte Ikone wurde, war er ein kommerzieller Illustrator, der, auf der Suche nach Musen, in New Yorker Nachtclubs abhing. Als er sich zu einem experimentellen Filmemacher entwickelte, konnte er zwischen 1964 und 1966 die Drag Queen Mario Montez für 13 Kurzfilme gewinnen. Diese Filme waren üblicherweise sehr simpel in ihrer Handlung. „Mario Banana" zum Beispiel zeigt Mario mit scharlachroten Lippen, einem Pelz im Stil der 1940er-Jahre und einem kristallenen Kopfschmuck, während er verführerisch ... eine Banane isst.

Auch als Warhol erfolgreicher wurde, blieb seine Faszination für Drag-Artists und Gendernonkonformität bestehen. Er erschuf das Trio der „Superstars": Holly Woodlawn, Candy Darling und Jackie Curtis. Insbesondere Jackie wandelte die eigene Genderexpression von einem Tag mit Kleid und Lippenstift, zu Jeans und Bartstoppeln am nächsten. Candy, später bekannt als Candy Warhol, hatte eine Schlagfertigkeit und einen Glamour, den die Kunstwelt in Staunen versetzte, während Holly eine ungefilterte und dabei charmante Sensibilität in die Gruppe einbrachte.

Nach Filmen wie „Flesh" (1968) und „Trash" (1970) erschien das Trio der Superstars endlich in einem gemeinsamen Film: „Women in Revolt" (1971). Ihre unbändige Power wurde schon bald von Lou Reed in seinem Song „Walk on the Wild Side" von 1972 verewigt.

DISCO DISRUPTION

1970 organisierte der DJ David Mancuso für geladene Gäste eine „Love Saves The Day"-Party in seinem New Yorker Appartement. Frustriert von einer, seiner Ansicht nach, aufpolierten und damit lahmen Club-Kultur, wollte Mancuso einen Ort kreieren, an dem ein ganzes Spektrum an unterschiedlichen Clubbern auf der Tanzfläche in ihrer Liebe zur Musik vereint war. Die Welt, die er erschuf, war eine des Feierns – ohne Diskriminierung und voll von erbauendem Uptempo-Disco. Die von queeren und PoC-Artists geprägte Discomusik war eine wichtige Weichenstellung für die bis dahin *weiß*-dominierte Popmusikindustrie. Mitte der 1970er-Jahre war die ganze Welt bereits im Discofieber. Die Fotografien von Stars und Supermodels wie Grace Jones und Jerry Hall im legendären New Yorker Nachtclub Studio 54 gaben einen Einblick in die glamouröse, hedonistische Welt, in der *strange* in Mode war.

SYLVESTER & THE COCKETTES

Neben Künstlerinnen wie Donna Summer, Diana Ross und Gloria Gaynor fand Disco sein exzentrisches Aushängeschild in Sylvester (Mitte). Nachdem er mit 13 Jahren von zu Hause rausgeworfen wurde, weil seine Eltern sein Crossdressing ablehnten, begann er Mitte der 1960er-Jahre, sich musikalisch auszuprobieren: als Teil der flamboyanten Discogruppe „The Disquotay", die bis Ende der 1960er-Jahre existierte. 1970 wurde er Teil von „The Cockettes", einer experimentellen Theatergruppe aus fabelhaften, politisch engagierten Hippies. Ihre Kostüme waren androgyn, ihre Witze schmutzig und berühmt berüchtigt. Ihr Film „Tricia's Wedding" (1971) war eine Persiflage auf die Hochzeit von Präsident Nixons Tochter, mit LSD-gepantschtem Punsch und einem schillernden Cast an Drag Queens. Eine Zeit lang fügten sich Sylvesters Starqualitäten und Charisma perfekt in den disruptiven Ethos des Kollektivs ein, doch Chaos und mangelnde Professionalität führten zu seinem Ausstieg. Als er 1972 aufhörte, lieferte er vor Publikum eine brillante, *bitchy* Entschuldigung ab, in der er „The Cockettes" eine „Farce" nannte.

Da sein charakteristisches Falsett ihm bereits Fans beschert hatte, nutzte Sylvester die Gelegenheit und wurde Solokünstler. Mit Songs wie „Do You Wanna Funk?" und „(You Make Me Feel) Mighty Real" dominierte er in den 1970er-Jahren die Radiokanäle und sein glamouröser, androgyner Look – Metallic-Leder, Pailletten und Strasssteine – wurde zum Inbegriff für Disco. Diese Mischung aus Spaß, Soul und Glitzer ermöglichte queeren Stars und Drag-Ikonen den Weg in den Mainstream und ebnete den Weg für ein neue Ära brillanter und experimenteller Musik.

DIVINE & JOHN WATERS

„Die schönste Frau der Welt … fast." Mit diesen Worten beschrieb der Kult-Regisseur John Waters seine Muse Divine, die schrille, unnachahmliche Drag-Persona von Glenn Milstead. Nachdem sie sich über gemeinsame Bekannte in den frühen 1960er-Jahren kennenlernten, verband sie die Liebe zu trashiger Gegenkultur und ihr gemeinsamer Außenseiterstatus.

Innerhalb kürzester Zeit entwickelte sich eine kreative Beziehung zwischen den beiden und sie versammelten eine Handvoll queerer Sonderlinge für ein künstlerisches Kollektiv mit dem Namen „The Dreamleaders". Waters hatte bereits einen experimentellen Kurzfilm gemacht, „Hag in a Black Leather Jacker" (1964), und gemeinsam arbeiteten sie an einer Reihe von trashigen Low-Budget-Kurzfilmen, die vor allem zeigten, dass Divine wirklich jede Rolle zu spielen imstande war: als Drag Jackie O in „Eat Your Makeup" (1968), einem Film über gekidnappte Supermodels, die gezwungen werden, Make-up-Kits zu essen; oder als mordlustiges, wasserstoffblondes Pin-up in „Mondo Trasho" (1969). Gemeinsam erarbeiteten sich Waters und Divine einen Ruf als die fabelhaftesten und provokantesten Freaks der Kunstwelt.

Als Divine begann Milstead – der in der Schule für sein Gewicht gemobbt wurde –, seinen Körper zu lieben und wertzuschätzen, indem er kurze, enganliegende Kleider anzog. Mit den Jahren entwickelte sich Divines Make-up weiter und wurde auf Anraten von Waters dramatischer. Dies führte zu einem unverwechselbaren, ikonischen Look: knalliger, übertriebener Lidschatten, der bis zum Rand des streng zurückrasierten Haaransatzes reichte – ein radikaler und gleichzeitig humorvoller Kommentar zu den Standards der Schönheitsindustrie. Der Look war ein echter Hingucker, aber es war Divines schräger Humor, der sie zum Star machte. Als „The Cockettes" nach San Francisco reisten, warf sie sich ein rotes Hummerkostüm über und sang mit ihnen zusammen ein Cover ihres Songs „A Crab On Your Anus Means You're Loved". →

Divine war am besten, wenn sie schmutzige Witze riss und sich in die freakigen Welten aus Waters Feder begab. Ihr gemeinsames Ziel war es, das Publikum zu schockieren. Das bedeutete, nichts war tabu: von Erbrochenem über Inzest bis zu Hummer-Fetischen und mit Rosenkränzen verzierte Sexspielzeuge. Sie leisteten Pionierarbeit in ihrem Fach, das die beeindruckten Fans ebenso anekelte wie faszinierte.

Ihren wohl berühmt-berüchtigtsten Moment hatte Divine in Waters Kultklassiker „Pink Flamingos" (1972), mit einer der ikonischsten Szenen der Filmgeschichte. In einer goldglitzernden Bluse und mit blondgefärbter Perücke (selbstverständlich mit dunklen Ansätzen) stolziert ihre Figur Babs die Straße entlang, bevor sie anhält, um eine Handvoll Hundekot aufzusammeln und anschließend zu essen. Es ist die ekelerregende Krönung einer Filmhandlung um Bestialität, Kannibalismus und Kastration – die sowohl Divine als auch Waters zu Stars machte.

Der Film war der erste einer sogenannten Trash-Trilogie, gefolgt von „Female Trouble" (1974) und „Desperate Living" (1977), die ihre Arbeit einem breiteren und verwirrteren Publikum zugänglich machte. Divine wurde als die schmutzigste Person der Welt gefeiert und Waters war ihr provokanter Komplize. Und ihr Erfolg beschränkte sich nicht nur auf die Kinoleinwand. 1980 stieg Divines Bekanntheitsgrad im Zuge ihrer unwahrscheinlichen Musikkarriere, in der sie Songs wie „Jungle Jezebel", „Born To Be Cheap" und „Psychedelic Shack"

herausbrachte. Die erste Single „You Think You're A Man" schaffte es weltweit in die Charts, was zu einer Reihe genialer Auftritte im Abendprogramm führte.

Für eine Hauptrolle in „Hairspray" (1988) an der Seite von Debbie Harry und Ricki Lake arbeitete Divine erneut mit Waters. Unter seiner Regie war der Film, der als jugendfrei eingestuft wurde, eine deutliche Abgrenzung zu ihren früheren Arbeiten. Um ein breiteres Publikum anzusprechen, war er ganz bewusst weniger obszön. Doch der Film hatte nur begrenzten Erfolg an den Kinokassen. Erst eine spätere Veröffentlichung auf Videokassette brachte den gewünschten Erfolg und zog eine Kultanhängerschaft an. Die Zuschauer*innen ließen sich von Waters verrückter Welt anstecken und der Film gewann so eine eigene Fangemeinde, was zu einem späteren Broadway-Musical und einem Remake des Films im Jahr 2007 führte.

Leider sollte „Hairspray" die letzte Zusammenarbeit der beiden sein. Divine starb nur wenige Monate nach Erscheinen des Films an einem Herzinfarkt. Sie hinterließ ein Vermächtnis, für das sie das *People Magazine* als „Drag Queen of the Century" kürte. Gemeinsam zeigten John Waters und Divine einem internationalen Publikum dreckigen, verruchten Humor und totale Verrücktheit. Ihre kreative Zusammenarbeit ist und bleibt einer der einflussreichsten in der Drag-Geschichte.

EIN REBELLISCHER SOUND

Nachdem er sich jahrelang auf keine Identität als Musiker festlegen wollte, zog David Bowie 1970 für das Cover seines Albums „The Man Who Sold The World“ ein Samtkleid an und legte sich in verführerischer Pose auf eine mit Satin drapierte Chaiselongue. Im selben Jahr gründete er „The Hype“, eine kurzlebige Band aus Rock-Superstars, die seinen Auftritten einen Hauch von Theatralik verleihen sollte. Daraus wurde Bowie, wie wir ihn heute kennen: eine Ikone, die Spandex trug und die Geschlechterverhältnisse infrage stellte.

Auch wenn Bowie nicht der erste Musiker war, der mit Drag spielte, hätte sein Timing nicht besser sein können. Wenige Monate später trat „T. Rex“-Frontmann Marc Bolan bei „Top of the Pops“ auf und kombinierte dabei seine zotteligen Haare mit einem schimmernden Satin-Look – ein Auftritt, der als Initialzündung für Glam Rock gilt. Rockbands zogen innerhalb kürzester Zeit nach, und schon bald war der typische Rockstar-Look erschaffen: extrem zurückgekämmte Haare, theatralisches Make-up und enge, glitzernde Catsuits.

Doch natürlich gab es heftige Gegenreaktionen. Die Glam-Rock-Band „The New York Dolls“ wurde von mehreren Plattenfirmen abgewiesen, bevor sie 1973 bei Mercury Records unter Vertrag kam. Und selbst dieses Label war kein Fan der für die Band typischen Plateauschuhe, Lurex-Hosen und dem kunstvoll verschmierten Lippenstift. Sie wurden gebeten, ihre Outfits etwas runterzufahren. Doch sie blieben standhaft. Sie kommentierten die Forderung, indem sie sich auf ihrem ersten Albumcover von Kopf bis Fuß in Drag zeigten.

In den späten 1970er-Jahren wechselte Grace Jones vom Modeln zur Musik. Obwohl sie mit unterschiedlichen Musikgenres herumexperimentierte, blieb ihre stilprägende Ästhetik gleich: messerscharfe Wangenknochen, androgyne Silhouette und ein ikonischer Bürstenschnitt. Von ihrer maskulinen Energie irritiert, wurden in Interviews unangemessene und übergriffige Fragen über ihre Geschlechtsidentität und Sexualität gestellt. Doch Jones tat dies mit einem Achselzucken ab. „Ich denke, es ist lächerlich, die Gefühle von Menschen kategorisieren zu wollen“, sagte sie 1985. „Tu, was du fühlst, wenn dir danach ist – wenn du Lust dazu hast!“

Eine Reihe an Musiker*innen, darunter auch Prince, Annie Lennox von den „Eurhythmics“ und Freddie Mercury, hielten diesen Geist am Leben, indem sie in ihren Videos mit der Idee spielten, wie Männer und Frauen auszusehen haben. Die Fans reagierten mit Begeisterung und Hysterie, und erst hatte es den Anschein, als würde die Stigmatisierung vom Spiel mit Geschlechtervorstellungen langsam verschwinden. Störungen dieser Vorstellungen wurden nun nicht mehr nur toleriert – sie waren regelrecht cool.

PRINC
New York Dolls
ēURYTH
REBEL
REBEL

DIE ROCKY HORROR PICTURE SHOW

Als sich Richard O'Brien 1973 das Bühnenmusical „Rocky Horror Show" ausdachte, hatte er nicht den leisesten Schimmer, dass sein Baby einmal ein internationaler Erfolg werden würde. 1975 wurde innerhalb von nur sechs Wochen ein Film-Remake davon gedreht – und das ist ein wesentlicher Teil seines Charmes.

Der *campe* Klassiker erzählt die Geschichte von Brad und Janet, einem *weißen* Mittelschichts-Paar aus der Vorstadt, die sich durch Zufall in der queeren Höhle von „Sweet Transvestite" Dr. Frank-N-Furter wiederfinden, wo sie ein fabelhaft-skurriles Drag-Ensemble kennenlernen, darunter auch O'Brien selbst. Die Mischung aus Glam Rock, Science-Fiction-Chaos und absurdem Horror ist unwiderstehlich. Doch die unbestreitbare Sensation ist Frank-N-Furter: Mit Netzstrümpfen, schwarzer Unterwäsche und einem enggeschnürten Korsett machte die Rolle Tim Curry zu einem außergewöhnlichen Sexsymbol.

Die unordentlichen, rauen Looks im Film waren weicher und sanfter als das dick aufgetragene, aufwendige Bühnen-Make-up des Musicals. Der Mann hinter dieser Verwandlung war Pierre La Roche – der auch für David Bowies visuelle Verwandlung verantwortlich war. Die Mischung aus Feingefühl und

Detailverliebtheit hat sich letztlich bewährt und eine Reihe legendärer Outfits hervorgebracht, die noch heute auf Halloween-Partys auf der ganzen Welt nachgeahmt werden.

Von der Kritik wurde der Film zunächst ignoriert. Doch die Kinos zeigten ihn in ihrem Mitternachtsprogramm im „Kult Slot" und zogen damit ein ausgelassenes Publikum an, das hocherfreut mitsang, durch die Gänge tanzte und sogar eigene Ergänzungen zum Drehbuch improvisierte. Filmvorführungen wie diese sind heute noch genauso beliebt wie Rocky-Horror-Partys. Die ungebrochene Popularität des Films rührt auch von seinem Mantra: „Träume es nicht. Sei es." Der Film ermutigte die Menschen, sich von den Fesseln der Normalität zu befreien und ihren verrücktesten Impulsen zu folgen – etwas, das auch heute noch bei einem weltweiten Publikum Anklang findet. Rocky-Horror-Drag wirkte nie übermäßig ernst oder unzugänglich. Glamour war nie das Ziel. Stattdessen erfreute sich der Cast, neue Fans ausflippen zu lassen und sie mit *campen* Kostümen zu verblüffen, während sie haarsträubende Gags rissen, um das Publikum aufzulockern und – was am wichtigsten war – sie für den Nervenkitzel des Regelbrechens zu begeistern.

PINES-INVASION

Nur wenige Urlaubsziele sind so homofreundlich wie Fire Island, New York. Schon vor den Stonewall Riots war der malerische Urlaubsort als sicherer Hafen bekannt. 1968 fuhr ein Boot voller Polizisten in Zivil dorthin, um schwule Männer beim Sex im Freien zu erwischen. Sie machten 27 Personen ausfindig, verhafteten sie und planten, ihre persönlichen Daten öffentlich zu machen. Als die aktivistische Gruppe „The Mattachine Society" davon erfuhr, engagierten sie den Rechtsanwalt Benny Vuturo, sie zu vertreten. Auf spektakuläre Weise gelang ihnen der Sieg – und alle 27 Fälle wurden abgewiesen.

Mit dem Ruf einer homofreundlichen Gegend war es 1976 fast vorbei, als Drag Queen Terry Warren in einem Restaurant in Fire Island Pines, einer der reichsten Regionen der Insel, der Service versagt wurde. Empört legten Terrys Freund*innen, die im nahegelegenen Cherry Grove untergebracht waren, Make-up auf, zogen ihre extravagantesten Outfits an, fielen regelrecht in das Pines ein und forderten, dort bedient zu werden. Dieser spontane Protest begründete unversehens eine jährliche Tradition. Jedes Jahr zum 4. Juli versammeln sich Drag-begeisterte Feiernde im Cherry Grove, um mit einer gecharterten Fähre rüber zum Pines zu fahren, wo sie von einem jubelnden Publikum in Empfang genommen werden. Es ist eine vieler queerer Traditionen, die aus Protest heraus entstanden und durch die Stärke und Resilienz von Drag Queens möglich gemacht wurden.

TOOTSIE

In den 1980er-Jahren änderte sich die Art, wie Drag Queens auf der Leinwand dargestellt wurden. Zwei bahnbrechende Filme, „Tootsie“ (1982) und „Das Kuckucksei“ (1988), zeigten Drag-Heldinnen, die leidender, neurotischer und vielschichtiger waren als je zuvor, und so den Drag-Charakteren eine tiefgründige Geschichte gaben.

Auch, wenn der Kern der Handlung mit alten Stereotypen spielt (ein heterosexueller Mann ahmt eine Schauspielerin nach, hat damit Erfolg und muss die Wahrheit verschleiern), hat der Film eine unerwartete Sanftheit, die ihn von anderen Filmen absetzt. Er vereinigt Humor und Subversion und schafft so neue Spielarten in alten Klischees. Mit dieser Formel war der Film ansprechend für den Mainstream, ohne dabei LGBTQ+-Fans zu verprellen.

DAS KUCKUCKSEI

Harvey Fiersteins „Das Kuckucksei“ (1988) war die Adaption seines eigenen Theaterstücks. Der Film porträtiert auf einfühlsame Weise die Hauptfigur Arnold – emotional, jüdisch, homosexuell und Drag-Queen-Torch-Sänger – und behandelt dabei schwerwiegende Themen wie Schwulenfeindlichkeit, Bisexualität, Adoption durch gleichgeschlechtliche Paare und die einzigartig komplexen Beziehungen zwischen queeren Kindern und ihren Eltern.

„Ich glaube, mein größtes Problem ist, jung und wunderschön zu sein“, sagt Arnold. „Es ist mein größtes Problem, weil ich noch nie jung und wunderschön war.“ Diese Zeilen setzen den bittersüßen Ton für ein bemerkenswertes Porträt, das die Maskerade des Drag fallen lässt und die menschlichen Verletzlichkeiten dahinter zum Vorschein bringt.

DANNY LA RUE

1970 besuchte eine verwirrter *New York Times*-Rezensent die Show des anglo-irischen Frauenimitators Danny La Rue im Londoner Palace Theatre. Sein enthusiastischer Artikel mit dem Titel „Ist es Mann oder Frau?“ pries zwar die Show an, argumentierte aber auch, Drag habe „keine homosexuelle Konnotation“. Er bestand sogar darauf, es sei lediglich ein Mittel zur Unterhaltung.

La Rues Drag war der einer neumodischen Pantomime. Seine turmhohen Perücken, die *campen* Eigenheiten und der feminine Gang erzeugten zwar die Art übertriebener Weiblichkeit von Drag Queens, doch La Rue bevorzugte es, seine Arbeit als „Comedy im Gehrock“ verstanden zu wissen. Sein Talent war es, blitzschnell zwischen unterschiedlichen Rollen hin und her zu wechseln, und damit das Publikum zu schockieren und zu verwirren: ein dunkles, maskulines Brummen für den einen Witz und ein hohes, anmutiges Piepsen für den nächsten.

Eine von La Rues Spezialitäten war es, Berühmtheiten zu imitieren: Von Judy Garland bis zur ehemaligen britischen Premierministerin Margaret Thatcher schien es keine Frau zu geben, die er nicht nachahmen konnte. Seine einzigartige Comedy verschaffte ihm eine Einladung von Queen Elizabeth II., um 1972 bei der „Royal Variety Performance“ eine Reihe von Fernseh- und Bühnenrollen darzubieten. 2002 wurde ihm außerdem mit dem Titel „Officer of the British Empire“ das britische Offizierskreuz verliehen.

Andere Drag-Acts der Zeit bedienten sich einer ähnlichen Taktik. Ihre Kostüme waren ausgeschmückte Parodien auf feminine Stereotype: Die englische Lily Savage spielte das Old-School-Glamour-Girl und die australische Dame Edna eine exzentrische Hausfrau – beide rutschten immer wieder in eine tiefere Stimmlage, um krude Witze zu reißen. Mit dieser Form des selbstreflexiven Drag fühlte sich das Publikum wohler und nicht so überfordert. Eine Methode, die einer Handvoll Drag-Artists weltweit die Arbeit im Fernsehen ermöglichte.

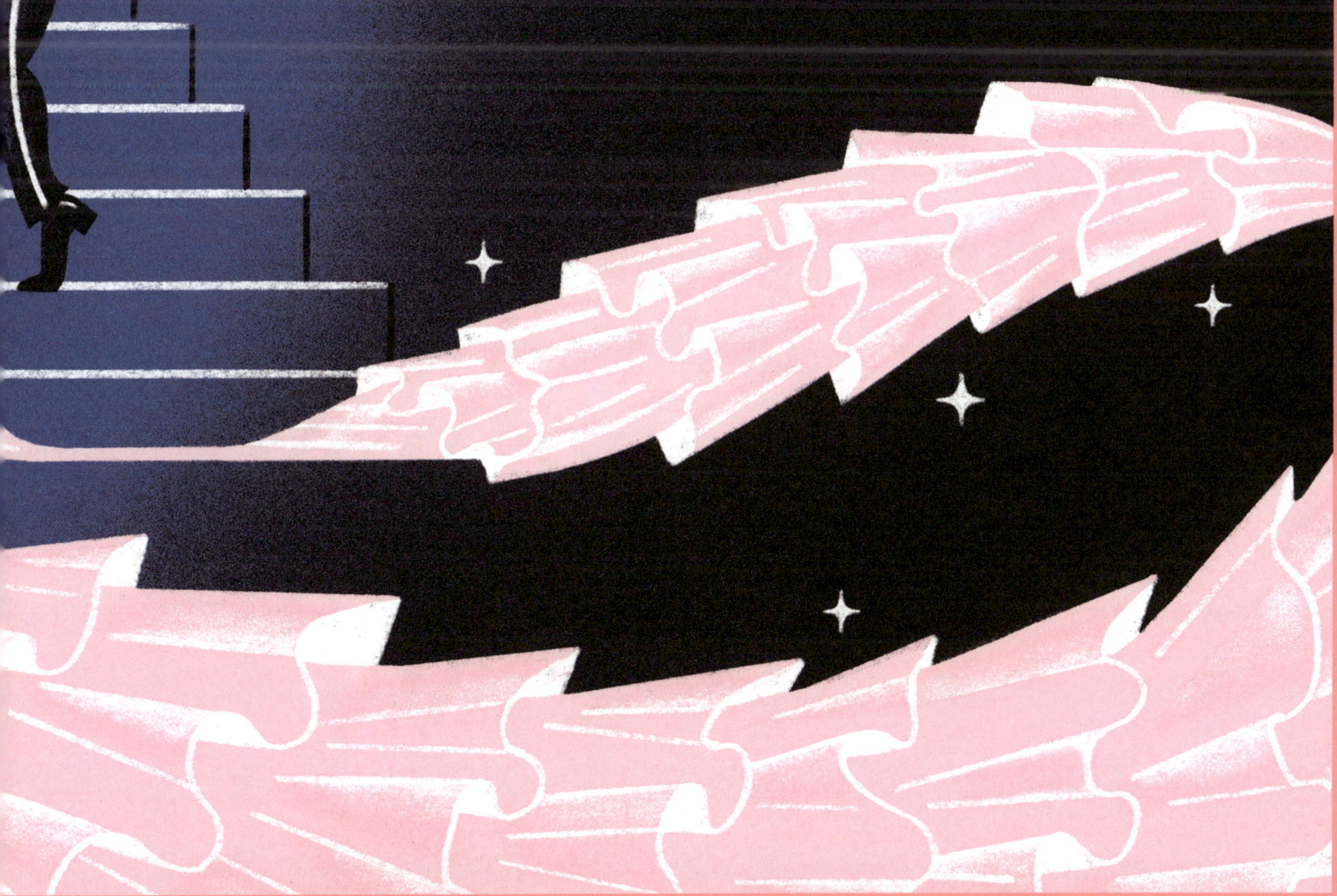

SERVING LOOKS

Mode und Drag gehen Hand in – schmuckverzierter – Hand. Schon immer haben sich Designer*innen von der Avantgarde inspirieren lassen und umgekehrt. Supermodels verkörpern die gleiche extrem überhöhte und idealisierte Weiblichkeit, wie es glamouröse Drag Queens tun, mit ebenso übertriebenen Looks: hohe Absätze, üppige Frisuren, knappe Kleider und übertriebene Proportionen.

Kleidung ist auch im Drag ein zentrales Mittel, um charismatische Figuren zu erschaffen und mit den visuellen Geschlechtercodes zu spielen. Designer wie Thierry Mugler und Jean Paul Gaultier haben diese Verbindung früh erkannt und lassen Drag Queens in ihren Shows laufen, während Alexander McQueen dafür bekannt ist, sich an Partyabenden von der Energie von Club Kids wie Leig Bowery mitreißen zu lassen. Mit anderen Worten: Mode ist ein integraler Bestandteil von Drag. Wie RuPaul es einmal formulierte: „Wir werden alle nackt geboren, der Rest ist Drag."

BOB MACKIE

Würde man ein Wort suchen, das Drag am besten zusammenfasst, dann wäre es *camp*. Die besten Kostüme sind auf irgendeine Weise übertrieben, extravagant und unsagbar glamourös, aber sie sind auch genauso bewusst verspielt. Nur wenige Designer*innen beherrschen diese Mischung besser als Bob Mackie, dessen ausgefallene Looks von Cher über Diana Ross bis hin, klar, zur Drag-Legende RuPaul getragen wurden. Federn, Pailletten und übertriebene Kopfbedeckungen sind nur einige wenige seiner optischen Markenzeichen. Ein Beispiel dafür ist das aufwendige Kleid, das er für Cher (oben rechts) entwarf und das 1986 bei der sechzigsten Oscar-Verleihung zu bewundern war. Mackies Designs waren über fünfzig Jahre lang sowohl auf Leinwänden als auch auf Bühnen zu sehen. Er gewann Preise, hinterließ ein bis heute nachwirkendes Vermächtnis und erarbeitete sich einen Ruf als König *camper* Mode.

KEVIN AVIANCE

Nachdem er in den 1990er-Jahren bei New Yorker *Vogue*-Balls jahrelang etliche Trophäen abräumte und sich einen Ruf als House-Music-Trailblazer erspielte, wurde Kevin Aviance zum echten Modestar. Seine hautengen Lycra, bunten Juwelen und metallic Jumpsuits verschafften ihm nicht nur eine Reihe sehr berühmter Fans, darunter Janet Jackson und Whitney Houston, seine Club-Kid-Looks machten ihn auch zum Stammgast auf Roten Teppichen. Aviance unterscheidet sich von anderen Drag Queens: Er singt meist live, macht kein Lip-sync und seine ausgefallenen Kreationen werden von seiner charakteristischen Glatze und seinem farbenfrohen, knalligen Make-up gekrönt. Auch, wenn sich sein Einfluss auf die unterschiedlichsten Branchen erstreckt, war der unbestreitbar größte wohl der seiner Avantgarde-Looks auf die Modeindustrie.

THE ART OF

CHARISMA

1980er–2000er

Der Ausbruch der AIDS-Krise im Jahr 1981 erschütterte die queere Community zutiefst und löste eine radikalere, politische Drag-Ära aus. Auch, wenn in den 1970er-Jahren die Akzeptanz gegenüber einigen wenigen Stars gestiegen war, machten Medienberichte über diese Krise all das zunichte. In Schlagzeilen wurde der LGBTQ+-Community die Schuld für das Virus gegeben und die Angstmacherei durch die Presse verstärkte Rassismus und Queerfeindlichkeit.

Anstatt sich wegzuducken, steigerten Drag-Artists ihre Empörung und organisierten Spendenaktionen, die zu immensen medizinischen Durchbrüchen führten. Aktivist*innen eigneten sich Begriffe wie „queer" an und Club Kids beeinflussten Mode und Fernsehen nachhaltig, indem sie mit ihrer *Genderfuck*-Ästhetik die binären Grenzen von Drag sprengten.

Dokumentarfilme wie „Paris is Burning" (1990) und Outdoor-Festivals wie Wigstock feierten queere Communitys, und eine Handvoll Stars wie RuPaul und Amanda Lepore wurden mit einem Mal international bekannt. Mit der fortschreitenden Erforschung von AIDS wurden auch die Mythen, die um diese Krankheit rankten, als falsch enttarnt, und das Blatt wendete sich, um – erneut – den Weg für eine Drag-Renaissance freizumachen. Vom Theater bis zum Kino und darüber hinaus bahnten sich queere Künstler*innen ihren Weg zurück in den Mainstream – und sahen dabei unverschämt gut aus.

DIE BALLROOM-SZENE IN HARLEM

Die Drag-Ball-Kultur, die sich mittlerweile seit einem Jahrhundert weiterentwickelte, hatte ihre Blütezeit in den 1980er-Jahren, vor allem im New Yorker Stadtteil Harlem. Bei diesen spektakulären Events ging es um mehr als Unterhaltung und Wettkampf: Sie waren Schutzräume für queere People of Color, die Gemeinschaft und Solidarität bedeuteten.

Aber was passiert eigentlich bei diesen sagenumwobenen Ballrooms? Ein charismatischer MC hostet die Veranstaltung und jedes Haus nominiert unterschiedliche Mitglieder des eigenen Hauses, um in einer Reihe von Kategorien gegeneinander anzutreten, darunter „Face“ (Schönheit), „Best Drag“ (extravaganter Style) und „Bizarre“ (ausgeflipptes Konzept). Kategorien wie „Executive Realness“, „Femme Queen Realness“ und „Sex Siren“ fordern von den Performer*innen die Darstellung von super stylischen, leicht augenzwinkernden Versionen von Geschäftsleuten, Schönheitsköniginnen oder aufreizenden Stars. Die Jury bewertet die Auftritte und alle hoffen auf eine einhellige Bestwertung: zehn Punkte auf der ganzen Linie.

Mit dem Anwachsen der Szene wurde auch die kulturelle Faszination für die Balls größer. Doch erst als Regisseurin Jenny Livingstone Mitte der 1980er-Jahre mit ihrer Kamera das Spektakel in Harlem filmte, wurde die Ballroom-Szene einem breiteren Publikum bekannt. Das Ergebnis hieß „Paris is Burning“ (1990), eine emotionale und elektrisierende Dokumentation, die hinter die glitzernde Fassade der prominentesten Stars der Szene blickt und die Geschichten hinter den Trophäen zeigt.

Die von der Kritik gefeierte Dokumentation rückte *Voguing* mehr in den Fokus des Mainstreams, genauso wie Madonnas Musikvideo „Vogue“, in dem bereits Monate zuvor Choreograf*innen vom „House of Xtravaganza“ aufgetreten waren – was die Drag-Community gleichermaßen erfreute und verärgerte.

DIE KATEGORIE IST ...

Bei einem Drag Ball stolzieren die Teilnehmenden nicht nur über den Runway, sie *voguen*. Die wohl berühmteste Entstehungsgeschichte dieses unverwechselbaren Tanzstils beginnt in einem Underground-Club in Manhattan mit Paris Dupree, die sich Berichten zufolge aus der Handtasche einer Konkurrentin ein *Vogue*-Magazin schnappte und die Modelposen aus dem Heft zu imitieren begann. Einer anderen Version zufolge geht *Voguen* auf einen namenlos gebliebenen Inhaftierten in Rikers Island zurück. Doch egal, welche Geschichte der Wahrheit entspricht, *Voguen* ist Beanstandung und Forderung zugleich: eine einzigartige Schwarze queere Kunstform, vom Ballroom-Stammpublikum kreiert als ihre eigene Ausdeutung der unerreichbaren Modeszene. Indem sie mit ihren eigenen Händen – einer Kamera ähnlich – das Gesicht einrahmen, zeigen *Vogue*-Tänzer*innen mit kantigen, eleganten Modelposen, dass sie ihre eigenen Schönheitsstandards erschaffen.

Begrifflichkeiten variieren und haben sich mit der Zeit geändert, aber die meisten Ballroom-Expert*innen können sich darauf einigen, dass es drei zentrale Stile beim *Voguing* gibt: „Old Way“, „New Way“ und „Vogue Femme“. Letzteres ist die neueste Variation, die aus fünf Kernelementen besteht:

1. Hände: Mit Arm- und Handbewegungen wird eine Geschichte erzählt, indem harte, kantige Linien oder sanfte, kreisende Bewegungen gemacht werden – oder eine schnelle Kombination aus beidem.

2. Catwalk: Hier geht es vor allem darum, sich in katzenartiger Anmut zu bewegen. Beim Performen werden die Hüften gewogen und die Arme genutzt, um zum Rhythmus der Musik zu laufen.

5. Floor: Der Boden wird zum Zentrum der Performance: Es wird sich in neue Positionen gedreht und gefreestylt, um einen besonders guten letzten Eindruck vor der Jury zu hinterlassen. Es erwarten euch Rollen, Dips, Stretches und Posen!

4. Dips: Zeit, kreativ zu werden und sich mit Drehungen auf den Boden sinken zu lassen. Dips können sanft oder hart sein und einen Spagat oder Verbiegungen beinhalten. Das ist der Moment, in dem Publikum und Jury so richtig eingeheizt wird!

3. Duckwalk: Eine der unverwechselbarsten Bewegungen beim *Voguing*. Und der Name hält, was er verspricht: In der Hocke werden die Heels zum Takt gekickt und sich dazu bewegt, ohne dabei an Sinnlichkeit einzubüßen.

RUPAUL

RuPaul ist zweifellos die bekannteste Drag Queen der Welt. In San Diego geboren und aufgewachsen, zog er bereits mit 15 Jahren nach Atlanta, wo er mühsam versuchte, als Musiker und später als Filmemacher Fuß zu fassen. Im Laufe der Jahre fand Ru seine wahre Berufung: Drag. Seine ersten Versuche waren wunderbar chaotisch, und das mit Absicht – seine Ästhetik teils konfrontativ, teils augenzwinkernd. Das änderte sich Anfang der 1990er-Jahre schlagartig. Nachdem er jahrelang die wildesten Punk-Looks getragen hatte, griff Ru für das Musikvideo zu seinem Hit „Supermodel" (1992), einem mitreißenden House-Track und seinem Durchbruch, zu einer platinblonden Perücke: seine berühmteste Figur, die 1,80 Meter große „Glamazon". Kein Wunder, dass Designer wie Jean Paul Gaultier und Thierry Mugler ihn für ihre Shows auf dem Laufsteg engagierten. Innerhalb weniger Monate nach „Supermodel" stand RuPaul auf dem Roten Teppich der MTV-Video-Music-Awards. Es folgten denkwürdige Gastauftritte in Sendungen wie „Sabrina – Total Verhext!", und 1996 bekam er sogar seine eigene Talkshow, die „RuPaul Show". Heute ist er den meisten bekannt als Erfinder der erfolgreichen Reality-Sendung „RuPaul's Drag Race" (s. Seite 101), in der in Anlehnung an Sendungen wie „America's Next Top Model" der „nächste Drag-Superstar" gesucht wird. 1994 brachte MAC ihren ersten Viva-Glam-Lippenstift mit RuPaul als Markenbotschafter auf den Markt, der im Zuge dessen eine Initiative ins Leben rief, die mittlerweile mehr als 500 Millionen US-Dollar für die HIV-Forschung gesammelt hat.

Der Erfolg von RuPauls atemberaubender Karriere hat auch etwas mit seiner Fähigkeit zu tun, mit dem Publikum in Kontakt zu treten. Er gab Gästen der „Ricki Lake Show" Drag-Makeovers und verpackte akademische Queer-Theory in leicht verständliche *Catchphrases* wie: „Wir werden alle nackt geboren, der Rest ist Drag" – die Idee, dass wir tagtäglich durch Kleidung, Make-up und bestimmte Verhaltensweisen Drag sind. Mit Charme, Humor und seiner Botschaft der Selbstliebe machte RuPaul Drag, wie wir es heute kennen, einem internationalen Publikum zugänglich. So wurde er zum Aushängeschild für Drag Queens auf der ganzen Welt.

LADY BUNNY & WIGSTOCK

Von Nachtclubs gelangweilt und verzweifelt auf der Suche nach einer neuen Ablenkung, trippelte die Drag Queen Lady Bunny mit ihren Freund*innen und ein paar Kisten Bier in den New Yorker Tompkins Square Park. Während die Nacht ihren Lauf nahm und der Alkohol weiter floss, kam ihnen irgendwann die Idee eines eintägigen Drag-Festivals: Wigstock. Zwölf Monate später durchtrennte sie das metaphorische Eröffnungsband und hieß die Welt in ihrem fabelhaft schrillen Kopf mit all seinen Kreationen willkommen.

Das Line-up kuratierte Bunny mit unterschiedlichen Performer*innen, von Ikonen bis zur Avantgarde, und bewies damit ihre Position als New Yorks bestvernetzte Drag Queen. Das erste Mal konnten Drag-Artists landesweit ihre extravagantesten Outfits am helllichten Tag zeigen, ohne Angst vor Belästigung zu haben. Der antikapitalistische Punk-Ethos des ersten Festivals zog rund tausend Besucher*innen an, die über die Jahre mehr und mehr wurden. Mit der Veröffentlichung eines Dokumentarfilms 1995 wurde Wigstock zur Legende.

Auch, wenn es zunächst schien, als hätte das Festival 2001 seinen Zenit überschritten, war das längst nicht der Fall. Bunny blieb eine bekannte Drag-Legende und 2018 erlebte Wigstock ein Revival. Daraus entstand der Dokumentarfilm „Wig" (2019), der die Geschichte des Festivals nacherzählt und bis dato unbekanntes Filmmaterial von damals zeigt. Selbst mit einer großen Reichweite wie dieser blieb Bunny den Do-it-yourself-Ursprüngen von Drag treu. 2018 verkündete sie auf der Bühne des Wigstock kühn der Menge: „Baby, schau mich an. Hört euch mein loses Mundwerk an. Glaubt ihr echt, ich werde jemals Mainstream?"

VISUAL KEI

Im Glam Rock gibt es keine Scheu, sich stilmäßig auszuprobieren. Das ist in Japan nicht anders, wo ein Rock-Genre immer erfolgreicher wurde, das sich durch Androgynität auszeichnet: Visual Kei. Bands wie „Buck-Tick", „XJAPAN" und „Malice Mizer" (s. Abbildung) waren in den 1980er-Jahren die Ersten, die oft feminine, viktorianische Kleidung kombinierten mit stark geschminktem schwarzen Augen-Make-up und genug Haarspray, um die Ozonschicht zu durchdringen. Dazu noch einen Spritzer Rüschen im Lolita-Stil und fertig ist das Rezept für einen der beliebtesten Stile Japans.

Ähnlich wie Bowie oder Prince fühlten sich die Kei-Artists der 1980er-Jahre von allem Femininen stark angezogen und etablierten mit Rüschen und ausgefeilten Gothic-Looks den New Romantic Style. Ob das tatsächlich als Drag klassifiziert werden kann, ist Ansichtssache, ohne Frage erschufen diese Künstler allerdings neue Versionen von Männlichkeit. Noch heute ist die Bewegung bekannt, dank Künstlern wie Mana (Mitte), Kaya und Versailles – die üblicherweise *bishōnen*, also „wunderschöne Jugend", genannt werden und mit ihrer schrägen Art von romantischer Androgynität Fans auf der ganzen Welt begeistern.

MISS TIFFANY'S UNIVERSE

Jedes Jahr im Juli strömen Hunderte trans Frauen in die pittoreske Küstenstadt Pattaya in Thailand. Sie pilgern alljährlich zu „Miss Tiffany's Universe", einem Schönheitswettbewerb, der die Schönheit von trans Frauen feiert, die Akzeptanz von trans Personen in Thailand zeigen soll und dabei Spenden für humanitäre Zwecke sammelt.

Als der Wettbewerb 1984 das erste Mal stattfand, wurden trans Showgirls viel zu oft für Sexarbeiterinnen gehalten und standen deswegen im Visier der Behörden. Sie wurden ausgegrenzt oder fetischisiert. „Miss Tiffany's Universe" wollte dem entgegenwirken, indem es das klassische Format eines Schönheitswettbewerbs übernahm, aber trans Frauen in den Mittelpunkt rückte.

Wie alle Schönheitswettbewerbe erfordert auch dieser die Art von übertrieben glamouröser Weiblichkeit, die das Publikum in den Bann zieht. In Kombination mit den persönlichen Geschichten der Teilnehmenden und einem aktivistischen Anspruch wurde dieser Wettbewerb zu so viel mehr: Es geht darum, resiliente, charismatische Botschafterinnen zu fördern, die in einem Ballkleid zufällig absolut atemberaubend aussehen.

DIE LIP-SYNC-LEGENDE

In der Reality-Show „RuPaul's Drag Race" werden die zwei Queens mit den schlechtesten Performances jede Woche gebeten, zu ikonischen queeren Hymnen „um ihr Leben zu lipsyncen". In der Show wird das als der Höhepunkt der Sendung inszeniert – ein Drag-Ding. Doch wann wurde Lip-sync eigentlich zu einem so integralen Bestandteil der Drag-Kultur?

MÜNDLICHE ÜBERLIEFERUNG

Bis Mitte des 20. Jahrhunderts sangen Drag-Artists üblicherweise während ihrer Auftritte live. Mit der steigenden Verfügbarkeit von Jukeboxes und tragbaren Kassettenrekordern änderte sich das allerdings. Und da ist noch ein anderer, nicht ganz unwesentlicher Grund: Nicht alle Queens können singen. Ein dünnes Stimmchen kann die überzeugendste Performance ruinieren, weswegen eine Reihe von sogenannten *Record Acts* Lip-sync zu ihrem Markenzeichen machten. Daraus entstand eine Art Drag-Hierarchie. Die Verfügbarkeit von Lip-sync führte dazu, dass *Record Acts* als *Street Queens* verrufen waren und von den erfahreneren Gesangstalenten oft respektlos und herablassend behandelt wurden.

Doch Lyp-sync ermöglichte den Performer*innen auch, ihre Idole viel überzeugender spielen zu können. Vor allem Drag Queens in den USA brachten ihre eigenen Platten zu ihren Auftritten mit, um ihre sorgfältig einstudierten Darbietungen dem gebannten Publikum zu präsentieren. Mit der Zeit gewannen sie, die anfangs als wenig qualifizierte Künstler*innen galten und dementsprechend bezahlt wurden, an Respekt.

LYPSINKA

John Epperson – besser bekannt als Lypsinka – wird gemeinhin zugeschrieben, die Kunst des Lip-syncen auf ein neues Level gebracht zu haben. Im Zentrum seiner Choreografien standen lustige Filmklassiker-Monologe, vorgetragen von glamourösen, charismatischen Frauen, jene Art von Audio-Collagen, die in heutigen Drag-Performances üblich sind. Telefongespräche wurden sein Markenzeichen; er konnte blitzschnell von Gespräch zu Lied wechseln, umspielte mit dem Mund die einzelnen Silben und bewegte seine Augen manisch hin und her.

Schon bald erregte Lypsinka die Aufmerksamkeit des französischen Designers und Modeschöpfers Thierry Mugler, der ihn in den 1990er-Jahren nicht weniger als dreimal für seine spektakulären Couture-Shows engagierte. Die Verbindung zur Haute Couture passt: Epperson entschied sich für den Namen Lypsinka, weil er von den Ein-Wort-Namen-Models der 1960er-Jahre wie Twiggy oder Veruschka fasziniert war. Der wohl berühmteste Auftritt fand 1992 bei einer Mugler-Show in Los Angeles statt, wo Epperson in einer roten Lockenperücke auftrat und sich ein Outfit nach dem nächsten vom Körper riss, was die Performance in mehr als einer Hinsicht facettenreich machte. Die grandiose Darbietung auf internationalem Parkett gilt bis heute als eine der besten Lip-syncs der Geschichte. Auch, wenn Epperson lieber als Surrealist denn als Drag Queen bezeichnet wird, hat Lypsinka wohl unbestreitbar die Drag-Kultur mit seinem eigenen glamourösen Bild geprägt.

CLUB KIDS

In den 1980er- und 1990er-Jahren kam *Genderfuck*-Drag. Wie der Name suggeriert, schmeißt diese Art von Drag alle Geschlechternormen komplett über Bord, „maskuline“ und „feminine“ Looks prallen gezielt aufeinander und vermischen sich mit Elementen des Jenseitigen oder Monströsen. Seine Popularität verdankt er nicht zuletzt New Yorker Club Kids: Junge und modebewusste Künstler*innen nahmen extreme Kostüme, ausgefallene Gesichtsbemalung und Kunstprothetik, um Looks zu kreieren, die kaum menschlich, geschweige denn geschlechtlich festlegbar gewesen wären. Die Tanzflächen der Nachtclubs wurden zu ihren persönlichen Laufstegen.

Das sprach sich schnell herum, und so wurden die Club Kids selbst zur Hauptattraktion in den beliebtesten Diskotheken der Stadt. Sie wurden dafür bezahlt, als fabelhafte Freaks Abende zu hosten, und in Talkshows wurden die extravaganten, selbsternannten „Spinner“ als Gäste eingeladen. Club Kids wurden zu einem kulturellen Phänomen, aber die Partykultur hatte auch eine dunkle Seite.

Das Chaos der New Yorker Szene zeigte sich in „Party Monster“ (2003), einem Film basierend auf der Autobiografie von James St. James (ganz rechts), einem der führenden Club Kids. Er sprach offen über Aufstieg und Fall seines Freundes Michael Alig, der für den Mord an Angel Melendez international Schlagzeilen machte. Geschichten über Drogenabhängigkeit und Gewalt gerieten mehr und mehr an die Öffentlichkeit, doch die hedonistische Art, Exzess zu feiern, inspiriert Designer*innen und Drag-Artists bis heute.

LEIGH BOWERY

Eines der weltweit ikonischsten und experimentierfreudigsten Club Kids ist die Legende Leigh Bowery (unten rechts). Bei seiner wohl bekanntesten Performance sah man ihn seine „Frau“ gebären (ihre Ehe war ebenfalls eine Performance), üppig dekoriert mit Würstchen – als behelfsmäßige Nabelschnur – und Kunstblut. Für seine ikonische Ästhetik stand sein kahlrasierter Kopf, den er zusammen mit dem Gesicht meist mit kunstvollen Mustern bemalte. Und selbst sein Körper wurde zum Material: Haut- und Fettfalten wurden mit Klebeband um- und neugestaltet.

Sein Vermächtnis lebt auch nach seinem Tod 1994 weiter. Künstlerinnen wie Lady Gaga oder Vivienne Westwood würdigten ihn, dessen Looks ebenso konzeptuell wie politisch waren. Sein berühmtes „gepunktetes“ Gesicht soll die Gesichtsläsionen des Kaposi-Sarkoms nachahmen, einer Krebserkrankung, von der während der AIDS-Krise unverhältnismäßig viele Erkrankte betroffen waren. In Bowerys Augen dienten Schmerz, Hedonismus und Außenseitertum der künstlerischen Inspiration. Diese einzigartige Perspektive hält seinen Einfluss bis heute am Leben.

AMANDA LEPORE & DAVID LACHAPELLE

Amanda Lepore arbeitete als Domina in einem New Yorker BDSM-Club, als eine Nacht ihr ganzes Leben auf den Kopf stellte. Bis dahin hatte sie sich bereits einen Namen als glamouröses Club Kid gemacht, nannte sich selbst die „berühmteste Transsexuelle der Welt“. Doch erst, als sie den legendären Modefotografen David LaChapelle traf, wurde sie ins Rampenlicht katapultiert – der Beginn einer einflussreichen, kreativen Partnerschaft. Amanda brachte bereits einen gewissen Bekanntheitsgrad mit, da sie in den 1980er-Jahren durch eine Reihe von Talkshows getingelt war. Mit ihren unbeschreiblichen Proportionen, aufgespritzten Lippen und gelockten, blonden Haaren war sie Zeichentrick in Perfektion – das Pin-up in einem Meer von Club Kids. Es war also nur eine Frage der Zeit, bis sie zur Muse werden würde.

Zusammen erschufen Lepore und LaChapelle Kunstwerke: In einem Bild wird Amanda zu einer übersättigten, übertriebenen Replika von Warhols Marilyn Monroe; in einem anderen ein nacktes blondes Sternchen, das Diamanten wie Kokain von einem umgedrehten Spiegel zieht. Mit Projekten für Hochglanzmagazine und angesehene Marken, darunter MAC und Absolut, machte das Duo Amandas einzigartige Schönheit international bekannt.

In dieser Zeit sprach sie viel und ausführlich zur besten Sendezeit über geschlechtsangleichende Maßnahmen und teilte, was es bedeutet, eine trans Frau zu sein – in einer Zeit, in der die Sichtbarkeit von trans Personen eine absolute Ausnahme war. Amanda zeigt, dass auch trans Frauen Drag machen können, doch ihr besonderer Charme geht über Label wie diese hinaus. Ihre Mischung aus übertriebener Weiblichkeit, ansteckendem Charisma und maximalem Glamour machten sie zu einer Drag-Ikone ihrer Selbst.

MO B. DICK & CLUB CASANOVA

In den 1990er-Jahren wurden Drag Queens selbstverständlicher Teil des Mainstreams. Wer als Drag-Aficionado allerdings Drag Kings finden wollte, musste schon in der Underground-Szene suchen. Vielleicht als Reaktion auf dieses Fehlen an Sichtbarkeit erschuf Mo Fischer – auch bekannt als Mo B. Dick – 1995 „Club Casanova", die erste wöchentlich stattfindende Drag-King-Party der Welt.

In unterschiedlichen Clubs in ganz Manhattan holte „Club Casanova" talentierte Performer*innen wie Murray Hill, Diane Torr und Dréd auf die Bühne. Einige von ihnen sind auch in der bahnbrechenden Dokumentation „Venus Boyz" zu sehen, die das Treiben im „Club Casanova" zeigt. An der Spitze stand Mo B. Dick selbst, dessen unverwechselbare Ästhetik – schnittige Anzüge, Goldzahn und Pompadour – Kultregisseur John Waters für sich gewann, der ihn 1998 für seinen Film „Pecker" castete.

Zur selben Zeit bahnte sich Ärger an. Der damalige Bürgermeister von New York City, Rudy Giuliani – oder Ghouliani, wie er gern genannt wurde –, ließ ein veraltetes Gesetz wieder in Kraft treten, das Tanzen verbot, was zu regelmäßigen Kontrollen durch die Polizei führte. Im Dezember 1997 machte Fischer die Schotten dicht, um mit „Casanova" mehrfach erfolgreich auf Tour zu gehen und Mitte der 1990er-Jahre eine Drag-King-Revolution auszulösen.

EXPERIMENTELLES QUEERES THEATER

In den eher avantgardistischen Nischen der queeren Kultur der 1990er-Jahre schufen Theaterkünstler*innen auf ihre eigene Weise bahnbrechende Werke. So wie Drag-Artists die Geschlechterbinarität mit *Genderfuck* sprengten und Aktivist*innen das Wort queer mit „radikal" und „disruptiv" neu übersetzten, bewegte die Theaterwelt sich hin zu einer neuen avantgardistischen Erzählweise queerer Geschichten.

Tony Kushners zweiteiliges Stück „Angels in America" feierte 1991 Premiere: die schwere Geschichte eines schwulen Pärchens in Manhattan, das versucht, durch die Zeit der niederschmetternden AIDS-Krise zu kommen. Das Stück hatte eine starke politische Botschaft, weil es neben dem Stigma gegenüber AIDS den Rassismus und die Homofeindlichkeit aufzeigte, die eigentlich dahintersteckten.

Und dann war da noch Ethyl Eichelberger, eine Underground-Drag-Ikone, die es sich zur Aufgabe gemacht hatte, Theatergeschichte aus einer queeren Perspektive neu zu erzählen. Von „Hamlet" bis „König Lear" – kein Klassiker war tabu. Eichelberger spielte sowohl Männer- als auch Frauenrollen, vom verschlafenen Kleinstädter Rip Van Winkle bis hin zu Lukrezia Borgia, einer Adligen der Renaissance-Zeit, die oft – und vielleicht zu Unrecht – als Femme Fatale porträtiert wurde. Figuren wie diese bevölkerten Eichelbergers verrücktes, politisch aufgeladenes Universum, in dem eine Reihe von beeindruckenden Clous wie Akrobatik, Feuerspucken und sogar Akkordeon-Soli ihren Platz fanden.

DRAG IM FILM

Mit der zunehmenden Popularität wurde es auch für Filmstudios deutlich schwieriger, das Phänomen Drag zu ignorieren – oder die ewig gleichen klischeehaften Rollen immer wieder aufzuwärmen. So entstanden in den 1990er-Jahren eine Reihe von nuancierteren Darstellungen von Drag.

MRS. DOUBTFIRE (1993)

Dieser herzerwärmende Film mit Robin Williams in der Hauptrolle versucht, dem Thema „Drag als Verkleidung“ einen neuen Dreh zu geben. Indem er sich als Frau verkleidet, versucht ein unzuverlässiger Vater, einen Sorgerechtsstreit wieder in Ordnung zu bringen, und war dabei lange Zeit eine liebenswerte Drag-Matriarchin der Filmgeschichte.

PRISCILLA – KÖNIGIN DER WÜSTE (1994)

Drag Queens, die auf einem actiongeladenen Roadtrip anzügliche Witze reißen – was braucht es mehr? Mit seinem bissigen Humor und der einfühlsamen Darstellung von Homo- und Transfeindlichkeit verband dieser Überraschungshit *Camp*-Comedy mit realen Problemen und wurde so zu einem weltweiten Erfolg.

TO WONG FOO, THANKS FOR EVERYTHING! JULIE NEWMAR (1995)

Der Film erregte Aufsehen, weil er die muskelbepackten Männer Wesley Snipes und Patrick Swayze in Frauenkleidung zeigt, die ihre „Drag-Tochter“ adoptieren. Selbstverständlich kommt es zu vielen lustigen Szenen, aber die durchklingende Botschaft von Gemeinschaft und Akzeptanz hat auch einiges für die Repräsentation von Drag getan.

THE BIRDCAGE – EIN PARADIES FÜR SCHRILLE VÖGEL (1996)

Die Geschichte eines schwulen Nachtclub-Besitzers, dessen Sohn sich in die Tochter eines ultra-konservativen Politikers verliebt, kam genau zur rechten Zeit – denn parallel zur Veröffentlichung war Bürgermeister Giuliani gerade dabei, das New Yorker Nachtleben zu verbieten. Der Film erkundet leichtfüßig politische Konflikte und zeigt, wie sich eine prüde Familie für die Idee von Drag erwärmt.

KINKY BOOTS (2005)

Der überraschende internationale Erfolg „Kinky Boots“ erzählt die Geschichte eines vor dem Ruin stehenden Schuhfabrikbesitzers, der mit einer charismatischen Drag Queen namens Lola gemeinsame Sache macht, um sein Geschäft zu retten. Was als Lösung für finanzielle Probleme beginnt, wird zu einer Reise der Akzeptanz – die mit Lolas ikonischer Interpretation von „These Boots Are Made For Walkin“ endet.

GULABI AAINA/THE PINK MIRROR (2003)

Trotz Zensurbestrebungen veröffentlichte der indische Regisseur Sridhar Rangayan seinen preisgekrönten Film „The Pink Mirror“ („Gulabi Aaina“), ausgezeichnet für seine einfühlsame Darstellung von queeren und trans Charakteren. Der Film erkundet das noch immer stigmatisierte Thema HIV durch eine zarte und rücksichtsvolle Linse.

THE ART OF

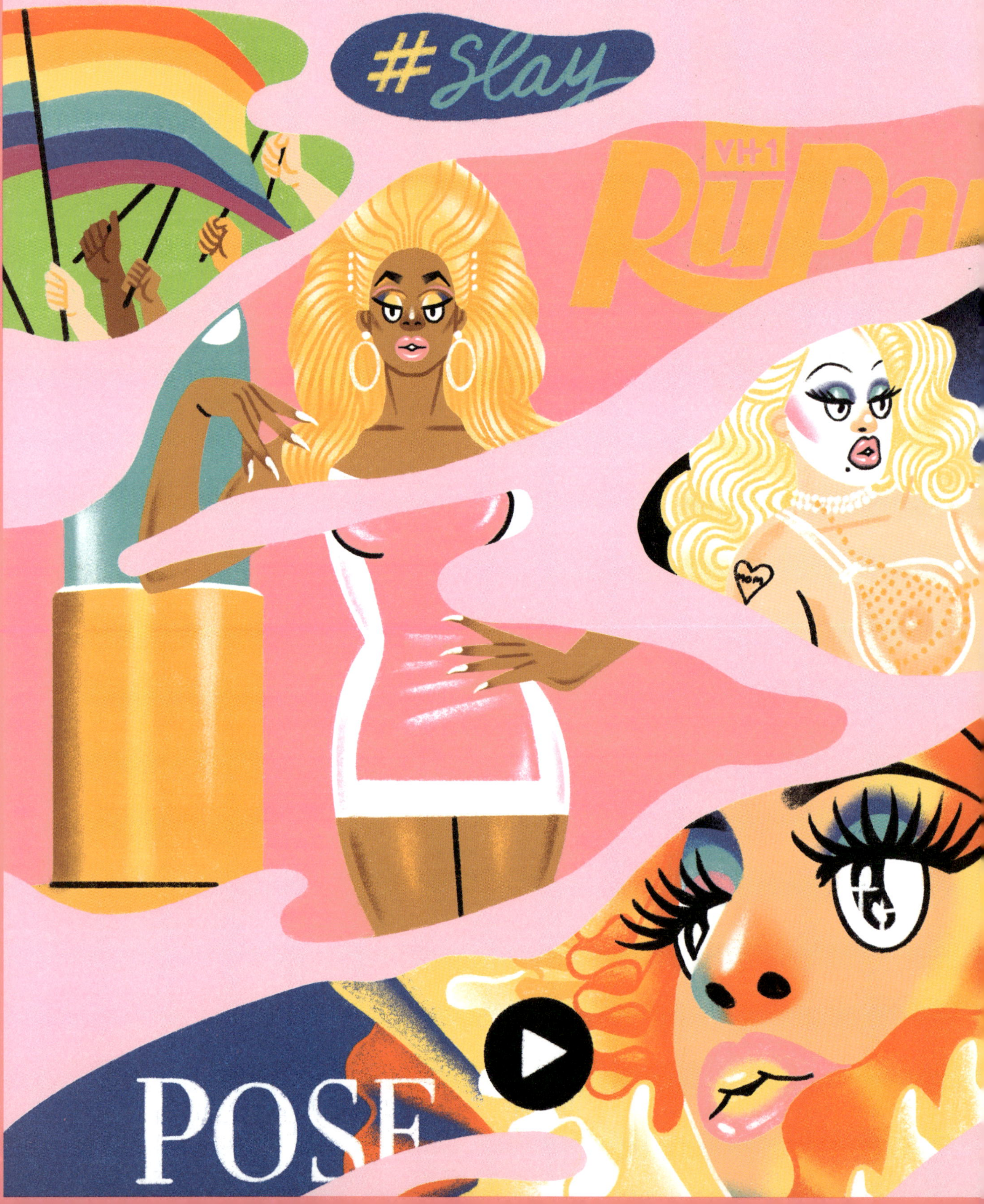

INFLUENCE

Liked by me_ho and 70,971 others
ionInspired' Makeup Tutorial
9 m views
221K
61K
2.3m subscribers

2000ER–2010ER

Es gab Zeiten, da waren Drag-Artists nur in Nachtclubs oder kurzen Gastrollen im Fernsehen zu sehen. Doch im ersten Jahrzehnt des neuen Jahrtausends änderten sich die Dinge schlagartig und unwiederbringlich. Dank des Aufstiegs der Serie „RuPaul's Drag Race", Social Media und der steigenden Zahl berühmter Fans wurde Drag so einflussreich wie nie zuvor.

Im Kern noch immer so subversiv wie eh und je, spielte sich Drag in den Mainstream. Drag Queens sind nicht nur prominent platziert in Musikvideos, Werbekampagnen und auf Geschäftsfeiern zu sehen, einige arbeiten als Musen eng mit Designer*innen und Make-up-Artists zusammen und formen kulturelle Standards auf eine Weise, die früher unmöglich schien. Serien wie „Pose" brachten die Ballroom-Szene Harlems einem weltweiten Publikum näher; und der enorme Durchbruch der Sozialen Medien, in denen Videos geteilt werden, machte die legendären Dokumentarfilme einer neuen und jungen Zuschauerschaft zugänglich – und ermöglichte es auch Drag Queens außerhalb der Szene, sich und die eigenen Talente zu zeigen.

Mit gesteigerter Popularität kamen auch die Debatten. Noch nie war Drag so kommerziell wie heute – zu kommerziell, wie manche finden –, doch die immens gestiegene Sichtbarkeit half auch, LGBTQ+-Rechte auf der ganzen Welt einzufordern und zu verteidigen. Ganz klar ist, dass Drag Queens nicht mehr bloß Underground-Provokation sind: Sie sind Aktivist*innen mit Reichweite, Stars auf den Covern von Magazinen und queere Vorbilder für die nächste Generation.

RUPAUL'S DRAG RACE

Der anfängliche Erfolg der Reality-Fernsehsendung „RuPaul's Drag Race" ist nicht ohne die Popularität des Namensgebers und Show-Hosts zu denken. Wenn es eine Person gab, die Drag zum Mainstream machen konnte, war es RuPaul. Er versprach *campen* Humor, extremen Glamour und emotionale Geschichten – und all das lieferte er uns.

Nach einem wackligen Show-Start wurden die Schwachstellen des frühen Formats ausgebügelt und immer prominentere Drag Queens begannen, für die Show vorzusprechen. Für das Mainstream-Publikum, bis dato mit Drag nicht vertraut, muss die Vielfalt und Bandbreite an Talent beeindruckend gewesen sein: Es gab Comedy-Queens, Schönheitsköniginnen und gruselig-skurrile Performances, anders als die *campen*, glamourösen Drag Queens, die die Welt bisher kannte.

Heute hat die Show mehr als ein Dutzend Staffeln auf dem Buckel, dazu noch Spin-offs wie „Drag U" und die Backstage-Bonus-Show „Untucked". Jede Folge zieht Hunderttausende Zuschauende an. Und dann ist da noch „DragCon", eine gigantische Messe, die alle zwei Jahre in New York und Los Angeles stattfindet – die erste ihrer Art. Sie ist ein klarer Beweis für die Stellung von „Drag Race" als kulturelles Phänomen. Eingefleischte Fans (sowohl Kinder als auch Erwachsene) stehen stundenlang an, nur um mit ihren liebsten Drag Queens fotografiert zu werden.

Klar, dass es mittlerweile sogar eine Handvoll internationaler Spin-offs davon gibt. Obwohl „DragRace Thailand" erst seit 2018 auf Sendung ist, hat es schon den Ruf, einen ganz eigenen Dreh zu haben. Die Markenzeichen der thailändischen Drag-Kultur – die extravaganten, historischen Kostüme, die Mischung aus traditioneller und moderner Popmusik und die uneingeschränkte Wertschätzung von trans Drag Queens – machen die Sendung so besonders. Nach nur wenigen Staffeln galt die thailändische Version als Erfolg für Repräsentation und Vielfalt: mit einer gekrönten Plus-Size-Gewinnerin in der ersten und einer gekrönten trans Person in der zweiten Staffel – etwas, das in der US-Variante der Show bis 2020 nicht vorgekommen war.

Der internationale Erfolg von „Drag Race" hält weiter an und mittlerweile gibt es die Sendung auch als britische und australische Versionen. Wie bei jeder Reality-Show gibt es auch bei „Drag Race" Dramen und Kontroversen en masse. →

Die Show bevorzugt eher konventionell schöne feminine Queens gegenüber ulkigen oder schrägen, und ganz grundsätzlich mangelt es an Inklusivität für trans und nichtbinäre Mitstreiter*innen, obwohl es scheint, als würde sich langsam etwas verändern.

Doch in der Summe schafft die Show den Spagat, sowohl ein Mainstream-Publikum als auch eingefleischte Fans zu begeistern. Die in der Sendung gezeigten Debatten brachten auch verschiedenste Themen in den Fokus, die innerhalb queerer Communitys diskutiert werden wie Konversionstherapie, Rassismus in der Drag-Szene, geschlechtsangleichende Maßnahmen und Akzeptanz innerhalb der eigenen Herkunftsfamilie.

Mit nichts als einer guten Idee, einem Haufen charmanter Drag Queens und einer erlesenen Auswahl hochkarätiger Kontakte machte RuPaul Drag zu einem globalen Phänomen, das dadurch einen Stellenwert in zuvor ungeahnten Dimensionen erreichte.

THE BOULET BROTHERS & DRAGULA

Vollkommen unrealistisch, dass „Drag Race" je das gesamte Drag-Spektrum abdecken könnte. Kein Wunder also, dass sich in Reaktion darauf eine Handvoll ebenso unterhaltsame Alternativformate entwickelten. Das beste Beispiel dafür ist „Dragula", ein von den schaurig-glamourösen Boulet-Brüdern ins Leben gerufener Drag-Wettbewerb mit Gruselfaktor. In der ersten Folge stolzieren die temperamentvollen Hosts Swanthula und Dracmorda in hautengem Latex über einen Friedhof und steigen in eine Gruft hinab, um dort die Kandidat*innen zu treffen. Der perfekte Beginn für eine Sendung mit *campem* Schrecken und freakiger Drag-Ästhetik, die statt eines Superstars nach einem „Supermonster" sucht.

Das Format hat Ähnlichkeiten mit „Drag Race" – es gibt Backstage-Segmente, eine Main Challenge (die sogenannte Floor Show) und wöchentlich scheidet eine Person aus – doch ein starker Magen und eine hohe Schmerzgrenze sind ebenfalls erforderlich, denn diejenigen mit der niedrigsten Punktzahl müssen jede Woche Prüfungen bestehen, die von Sprüngen aus Flugzeugen bis zum Verzehr von Tierinnereien reichen. Kuriose Eigenarten wie diese beweisen, dass Drag immer noch eine schmutzige, lustige Freakshow ist, selbst wenn es in den Mainstream vordringt.

DRAG FÜR ALLE

Auch, wenn sich Drag in der öffentlichen Wahrnehmung immer vielfältiger zeigt, hält sich der Mythos einer Kunstform nur für Männer beständig. Aber das stimmt nicht, Drag ist für alle da und kann von allen gemacht werden! Im 21. Jahrhundert meint Drag schlicht nur noch, ästhetische und künstlerische Tricks zu verwenden, um die gesamtgesellschaftliche Idee davon zu stören, was es heißt, wie eine Frau oder ein Mann oder eine Person auszusehen. Es ist die Kunst, mit unserer Vorstellung von Geschlechtern zu spielen.

In Nachtclubs auf der ganzen Welt haben talentierte trans und nicht-binäre Performer*innen schon lange ihren Platz. Social Media spielt beim Suchen und Finden dieser Talente eine extrem wichtige Rolle: Drag-Artists, denen sonst womöglich ein Platz auf den Bühnen verwehrt bleiben würden, können so ihr Talent zeigen. Trans und nicht-binäre Drag-Artists waren schon immer diejenigen mit den subversivsten und bahnbrechendsten Ideen in den queeren und Drag-Communitys. Und sie sind es auch, die die Diskussionen um Drag im Mainstream voranbringen: zum Beispiel wie eine Kunstform, die von Außenseiter*innen geschaffen wurde, sich trotzdem des Gatekeepings schuldig macht. Queens wie Victoria Sin, Glamrou, Imp Queen und Peppermint – 2017 die erste Teilnehmerin bei „Drag Race", die von Anfang an offen darüber gesprochen hat, trans zu sein – (unten, v. l. n. r.) erschaffen nicht nur wundervolle Kunst. Sie zeigen auch, dass Drag nie ein exklusiver Raum für Männer war – und es auch nie sein wird.

GLOBALE ÜBERNAHME

Es gab eine Zeit, da galt Drag als Nischenthema. Heute sind Drag-Künstler*innen nicht nur Teil des Zeitgeists; sie gestalten ihn aktiv mit.

Als eine der ersten Industrien war es die Modebranche, die sich die Ästhetiken von Drag zu eigen machte und feierte. Heute sind Queens wie Violet Chachki, Milk und Miss Fame Musen für verschiedenste Labels, sie sind Teil von Werbekampagnen und laufen bei prestigeträchtigen Veranstaltungen wie der Met Gala auf dem Roten Teppich. Und selbst in Musikvideos von Popstars wie Taylor Swift, Katy Perry und Lady Gaga treten Drag Queens auf.

Der starke visuelle Fokus von Social-Media-Plattformen wie YouTube und Instagram erleichtert es Drag Queens, durch Make-up-Tutorials berühmt zu werden. Das Ergebnis: Drag-Techniken wie „Contouring“ und „Baking“ (den Look mit Puder fixieren) sind Teil alltäglicher Beauty-Routinen geworden. Videos geben außerdem die Möglichkeit, vor einem komplett neuen Publikum aufzutreten. Die sarkastischen Tiraden über Kräutertees, die Gestaltung von Supermärkten und überteuerten Panettone brachten der Comedy-Veteranin

Coco Peru Hunderttausende neue Follower ein – und die wenigsten von ihnen dürften von ihrer One-Woman-Comedy-Show in den 1990er-Jahren wissen.

Der Einfluss von Drag ist überall in den Mainstream-Medien zu spüren: Reality-Shows beinhalten Lip-sync-Wettkämpfe und Drag Queens sind Teil von Makeover-Shows zur besten Sendezeit. Conchita Wurst wurde mit einem bodenlangen Kleid und einem gepflegten braunen Vollbart 2014 der erste Drag-Künstler, der den „Eurovision Song Contest" gewann. Die ehemalige „Drag Race"-Teilnehmerin Courtney Act wurde zum Publikumsliebling, als sie 2018 in Großbritannien „Celebrity Big Brother" gewann. Mit ihrer charismatischen und liebenswürdigen Art, kombiniert mit einem Hauch von Drag-Expertise, machte sie sich nicht nur bei ihren Mitstreiter*innen beliebt, sondern wurde zu einer Fernsehpersönlichkeit nach eigenem Maßstab, die mittlerweile eine Dating-Show für Bisexuelle („The Bi Life") zur besten Sendezeit moderiert. Viele dieser historischen Momente liegen noch vor uns und sind zum Greifen nah, denn Drag-Superstars sorgen weiterhin für kulturellen Wandel, und das auf der ganzen Welt.

READING
is
Fundamental
Werk!
yass queen!
The LIBRARY is OPEN
House Down Boots!
A GUIDE
BEATING YOUR FACE

DRAG-WÖRTERBUCH

Wie alle Kulturen der Welt hat auch Drag eine eigene Sprache. Von ihren Ursprüngen der legendären Harlem-Ballrooms und der AAVE (African-American Vernacular English) prägt sie mittlerweile auch das Bewusstsein und den Sprachgebrauch des Mainstreams. Von Formulierungen wie „throwing shade“ (jemanden öffentlich kritisieren oder Geringschätzung für die Person ausdrücken) bis zu „sickening“ (fantastisch, atemberaubend, makellos) auszusehen, kommt hier eine kleine Einführung in die Lingo, die ihr braucht, um ganz und gar in Drag einzutauchen.

Reading: (wörtl. lesen) Jemanden verbal mit kleinstem Aufwand und maximalem Humor komplett zerstören. Wenn du den berühmten Warnruf „the library is open …“ (Die Bibliothek hat geöffnet …) hörst, stell dich darauf ein, gelesen zu werden.

Throwing shade: (wörtl. Schatten werfen) Subtiler als „Reading“. „To throw shade“ bedeutet, jemanden so raffiniert und intelligent zu beleidigen, dass die Person kaum merkt, dass du es tust.

Sickening: (wörtl. krankmachend) Überraschenderweise bedeutet das Kompliment „sickening“, dass eine Person stark, fabelhaft und „gag-worthy“ aussieht. Was uns weiterführt zu …

Gagging: (wörtl. würgen/knebeln) Auf jemanden oder etwas aus Bewunderung und Überwältigung fassungslos reagieren. „I was gagged by her look“ – sie hat mir den Atem geraubt; und mehr!

Tea/T: (wörtl. Tee) Die Wahrheit! „To spill the tea“ (wörtl. den Tee verschütten) heißt, die Wahrheit zu sagen und ehrlich zu sein, selbst wenn es unangenehm ist.

Realness: (wörtl. Echtheit) Ein Begriff, der direkt von Drag Balls übernommen wurde und bedeutet, dass eine Person überzeugend als etwas/jemand durchgeht („to pass“). „Executive Realness“ zum Beispiel bedeutet, dass jemand mühelos eine*n CEO verinnerlicht hat und verkörpern kann.

Beat: (wörtl. schlagen) „To beat your face“ (wörtl. dein Gesicht schlagen) bedeutet, Make-up aufzulegen; dein „Beat“ ist dein finaler Make-up-Look.

Werk!: (wörtl. „Arbeite!“) „You betta werk!“ (wörtl. „Arbeite lieber!“) ist ein berühmtes Drag-Kompliment – du bekommst es nur dann zu hören, wenn du genug Einsatz gezeigt hast und dein Publikum „gagging“ zurücklässt.

KÄMPFT FÜR DAS RECHT

Seit den Stonewall Riots hat sich eine Menge verändert. Drag hat den Weg geebnet für progressivere Einstellungen zu Homosexualität und Crossdressing, die beide in weiten Teilen der Welt entkriminalisiert wurden. Doch es gibt noch genug zu tun.

Rund siebzig Länder haben noch immer Gesetze, die Menschen der LGBTQ+-Communitys kriminalisieren. Doch innerhalb dieser Länder haben sich eine Reihe von Underground-Drag-Kreise gebildet: In Russland, der Türkei oder Malaysia zeigen Drag Queens wie Kamilla Crazy White (Moskau), Matmazel Coco (Istanbul) und Shelah (Kuala Lumpur), wie sich Glamour und Theatralik mit Politik und Aktivismus verbinden lassen. In einem Umfeld, in dem sie für die Ausübung ihrer Kunst getötet werden könnten, ist selbst das Verlassen des Hauses in Drag ein Akt des Widerstands.

Auch in vermeintlich progressiven Ländern kämpfen Drag Queens weiter gegen Diskriminierungen an. Modernste Technik hat Aktivismus zugänglicher und leichter gemacht: Hochkarätige Künstler*innen können ihre eigenen Social-Media-Feeds kuratieren, in denen sie Selfies mit Botschaften zur Unterstützung von Aktivist*innen verbinden. Dank Crowdfunding und Online-Petitionen verfügen Drag-Stars von heute über viel mehr Möglichkeiten, auf der ganzen Welt Veränderungen anzustoßen.

Der Einfluss von Drag auf den Mainstream hat außerdem einen erheblichen positiven Einfluss auf nachfolgende Generationen. Conventions wie die „DragCon" ziehen Tausende junger Fans an, die sich wie ihre Idole kleiden und mit ihnen fotografiert werden wollen; der neu erworbene Ruhm von „Drag Kids" und der Aufstieg von kinderfreundlichen Drag-Veranstaltungen zeigt, dass sich in den Einstellungen der Menschen langsam, aber sicher etwas verändert. Auch, wenn es noch ein weiter Weg ist: Indem Drag-Stars ihre Reichweite nutzen, um international Veränderungen zu bewirken, und die heutige Jugend mit Drag Queens als Vorbilder aufwächst, spielt Drag auch weiterhin eine wichtige Rolle im Kampf um LGBTQ+-Rechte.

PRIDE
LOVE

DRAG: DAMALS & HEUTE

DAMALS …

Was Trends im Bereich Beauty und Fashion angeht, haben sich die Ästhetiken von Drag im Laufe der Zeit immens verändert. Die frühen Theater-Variationen – wie Kabuki, Kathakali und Mime – waren an bestimmte Make-up-Stile gebunden, die mit der damit assoziierten Kultur verbunden waren. Mit den Jahren und der steigenden Anzahl an Drag-Artists auf der ganzen Welt, vervielfachte sich auch das Spektrum an verschiedenen Drag-Stilen und -Looks.

Auch die Rolle von Drag Queens hat sich ganz grundsätzlich geändert. Jahrhunderte lang war ihr höchstes Ziel, entweder das Publikum zum Lachen zu bringen oder die perfekte glamouröse Illusion zu kreieren. Deswegen waren auch Pantomime-Damen oder makellose Frauendarsteller die einzigen zwei Optionen, die wenig Raum für Veränderungen oder Abwandlungen ließen. Die Pioniere der ersten Stunde zeigten vor allem in übertriebener Weise ihre Silhouetten und kombinierten turmhohe Perücken mit Sanduhr-Figuren. Das Make-up zeichnete sich durch dünne, hauchzarte Brauen in großen Bögen, starken Lidschatten und knallbunten Lippenstift aus: eine aufgeladene, starke Ästhetik, die dafür sorgte, dass das Publikum aufmerksam wurde und blieb. Egal, welcher Look, für Drag waren schon immer drei Sachen erforderlich: Zeit, Mühe und Expertise.

… HEUTE!

Spulen wir ein paar Jahrzehnte vor, sehen die Dinge auf einmal vollkommen anders aus, und doch irgendwie ähnlich: Drag Queens sind auf Social Media genauso zu Hause wie auf Bühnen.

Das Gesicht von Drag ist für ein makellos-glattes Aussehen nach hinten getaped. Mit Puder und Highlighter werden Schatten erzeugt, um die Illusion einer ausgeprägten Knochenstruktur zu simulieren. Die Lippen sind dezent überschminkt, während die Augen ein kosmetisches Experimentierfeld geworden sind: mit Looks von „Cut Creases“ bis hin zu „Halo Eyes“.

Das wahrhaft Schöne an Drag ist, dass es immer vielfältig sein wird: Für jede makellose Schönheitskönigin kommt ein Club Kid mit einem Gesicht voll Prothetik und Farbe hinzu. Von den selbsternannten „Weirdos“ und Rebellen bis zu aufpolierten Kabarett-Performer*innen und übertrieben weiblichen Schönheitsköniginnen, bietet Drag genug Platz für alle, um zu glitzern, zu funkeln und zu scheinen!

DIE ZUKUNF

VON DRAG

2000ER & DANACH

In der heutigen Zeit stehen Drag-Artists viel mehr Tools zur Verfügung: *trippy* Filter, virtuelles Make-up oder fortschrittliche Prothetik. Die Superstars von heute nutzen die neueste Technologie, um ein surreales Bild von sich zu kreieren, das infrage stellt, was es überhaupt heißt, menschlich auszusehen. Glücklicherweise werden die Diskussionen um Geschlechter auch etwas progressiver. Die Welt fängt langsam an zu verstehen, dass alle Drag machen können, und wir sprechen immer weniger von Drag Kings und Queens und mehr und mehr von *Drag Creatures*.

Die Künstler*innen auf den nächsten Seiten sind lediglich eine Auswahl der schillerndsten Stars, die Drag in die Zukunft befördern. Crystal Rasmussen verbindet messerscharfen Verstand mit einem fabelhaften, glitzernden Bart; The Vixen kombiniert eine Comic-Ästhetik mit der Bereitschaft, unverblümt Rassismus outzucallen, und dem Ziel, andere Schwarze Queens mit ihrer bahnbrechenden „Black Girl Magic" Selbstsicherheit zu geben und zu feiern; Sweatmother streift durch die Straßen Londons, um die Brillanz der eigenen Community auf Film zu bannen; während Don One aus Birmingham Humor und Herz in die Drag-King-Szene Großbritanniens steckt.

Alle repräsentieren sie eine neue Art von Drag: eine, die ungeniert politisch ist. Der Aufstieg von Sendungen wie „RuPaul's Drag Race" hat vielleicht ein bestimmtes Konzept von Drag einem weltweiten Publikum zugänglich gemacht. Doch Underground-Artists arbeiten permanent daran, dass Drag weder ein Geschlecht hat noch in irgendwelche Normen passt. Der Zukunft dieser bahnbrechenden Kunstform liegt das Ethos der Inklusivität zugrunde. Unnötig zu erwähnen, dass diese Zukunft nicht nur rosig aussieht, sondern glitzert.

„Die Zukunft ist unsicher, aber solange die Gesellschaft besteht, wird Drag existieren, widersprechen, abweichen und wachsen. Ich hoffe, dass mehr kritische, punkige, politische Stimmen in den Mittelpunkt rücken – dass diejenigen, die nicht im Vordergrund stehen, Aufwertung erfahren und als die Wunder wertgeschätzt werden, die sie sind. Dass jenen, die die Apokalypse schon überlebt haben, zugehört wird, wenn der Untergang naht. Für mich persönlich hoffe ich, dass ich eines Tages in Drag als mehr gesehen werde als ein oberflächliches Accessoire. Ich wünsche mir, dass Menschen kommen, um mich singen und sprechen zu hören, dass ich sie zum Lachen bringe, und dass sie mehr sehen als meine Kunstfertigkeit im Drag. Mehr noch als das hoffe ich, dass die Zukunft weniger auf Geschlechtern von Menschen fußt, sondern darauf, was Menschen zu sagen haben. Ob mit Make-up oder ohne."

– CRYSTAL RASMUSSEN

„Denke ich an Drag, kommt mir das Vermächtnis unserer großartigen und unerschrockenen Community Leader in den Sinn. Die einflussreichen Gatekeeper, die Drag Queens immer waren. Meine Hoffnung für die Zukunft von Drag ist, dass wir noch entschlossener werden in unserer Mission und noch wagemutiger in unseren Taten. Dass sich zukünftige Drag Queens inspiriert fühlen, für etwas einzustehen, die Führung zu übernehmen und für Ämter zu kandidieren. Wir können in einer Art und Weise Raum einnehmen, wie wir es noch nie zuvor getan haben. Lasst uns wegkommen von dem holzschnittartigen ‚Glamazon'-Image und uns daran erinnern, dass unsere Macht in unserer Stimme liegt, nicht nur im Lip-syncen. Drag Queens haben schon immer an vorderster Front für das Gute gekämpft. Ich hoffe, dass wir dahin zurückkommen und all das noch viel weiter voranbringen können."

– THE VIXEN

DICTIONARY OF DRAG

„Ich glaube, in Zukunft wird es das Wort ‚Drag' nicht mehr geben. Die Drag-Sprache wird obsolet sein, weil sie Menschen schon immer darin begrenzt hat, was Drag Kings oder Drag Queens sein können. Als Menschen, die experimentell performen, die Geschlechtergrenzen biegen, verschieben, werden wir eine eigene Terminologie haben, um uns ganz frei auszudrücken, abseits der Zweigeschlechtlichkeit, auf die ein großer Teil von Drag derzeit noch beruht – und darüber hinaus. In der Zukunft wird die Art und Weise, wie wir über unsere ‚Performance-Kunst' sprechen, in der Lage sein, das begrenzte Verständnis der Menschen und die Unzulänglichkeit der Sprache bei der Beschreibung der Ausdrucksformen von Geschlechtlichkeit und Sexualität und der menschlichen Gestalt zu sprengen. In der Zukunft werden wir über das, was Drag heute ausmacht, hinausgehen, und nicht nur einzig und allein dafür arbeiten, Geschlechterrollen zu durchbrechen, sondern mit neuen Möglichkeiten in Form und Ausdrucksweise herumexperimentieren. Es wird Widerstand geben, und danach wird das, was zuvor als ‚normativ' galt, nicht mehr existieren. Wir werden frei sein in unserem Ausdruck, wir werden mit und in unserem Drag-Selbst frei leben, abseits der Underground-Räume, die wir oft gezwungen sind einzunehmen. Drag wird Teil des alltäglichen Lebens, das sonst für heterosexuelle Körper reserviert ist und von ihnen eingenommen wird."

– SWEATMOTHER

„Wenn ich in meine Kristallkugel schaue, hoffe ich, darin für die Zukunft von Drag mehr Diversität zu finden. Mehr Inklusivität. Mehr AFABs (assigned female at birth – Personen, denen bei der Geburt das ‚weibliche' Geschlecht zugewiesen wurde). Mehr Nicht-Binarität. Mehr Schwarze und PoCs. Mehr trans Personen. Mehr genderqueere Menschen. Und, dass *weiße* cis Männer weniger dominant und präsent sind. Drag bietet allen Menschen eine Plattform, um eine Seite von sich zu präsentieren, die sie feiern wollen – ungeachtet von *Race*, Geschlecht und Sexualität. Ich hoffe, dass die Zukunft von Drag-Performer*innen mehr Möglichkeiten bereithält, zu sein, wer und was auch immer sie sein wollen, mit weniger Grenzen und Begrenzungen."

– DON ONE

DRAG QUEENS AUS DEUTSCHLAND

Auch Deutschland hat eine kreative, glamouröse Drag-Szene. Hier sind einige der bekanntesten Drag Queens der Bundesrepublik:

Electra Pain

Showgirl, LGBT-Aktivistin & TikTok-Star - Drag Queen Electra Pain ist eine vielseitige Künstlerin. Im Netz betreibt sie Aufklärung zum Thema LGBT+ und auch Comedy kommt in ihren Videos nicht zu kurz. Auf der Bühne hingegen zeigt sie ihr Performance-Talent. Mit heißen Dance Moves, glitzernden Outfits und Special Effects begeistert sie seit 2012 ihr Publikum.

Bambi Mercury

Bambi Mercury ist ein Unikum in der Dragwelt: Bambi macht deutlich, dass Drag alles darf und sich jede*r kreativ ausleben sollte. In den Djs Sets vermischt Bambi alt mit neu und überrascht mit spannenden Mixen und Mash Ups, einer Prise Retro Songs und einem Haufen neuer Hits. Die Looks sind ein Mix aus Fantasy und Popkultur. Viele Looks sind Nachhaltig, da Upcycling ein grosses Thema für Bambi ist. Zudem ist Bambi die erste Drag Queen die einen „Deutschen Fernsehpreis“ zu Hause im Regal stehen hat. Stellvertretend für das KreativTeam der Sendung „Viva La Diva“, in der sie queere Designer*innen und Allies aus der Community zusammengetrommelt hat.

Hungry

Hungry ist eine interdisziplinärere bildende Künstlerin aus Berlin. Sie ist bekannt für ihre einzigartige „Distorted Drag“-Ästhetik und gibt ihrem Publikum einen Einblick in eine alternative Realität, in der ein menschlicher Körper gezwungen ist, sich an eine neue Umgebung anzupassen.

Hungry bedient sich einer Vielzahl von Medien wie Make-up, Fotografie, Modelling, Kostümdesign und Bühnenperformance und hat an Veranstaltungsorten auf der ganzen Welt gearbeitet. Hungry war als Make-up-Lead bei Björks Utopia- und Fossora-Projekt tätig und wurde in zahlreichen Mode- und Lifestylepublikationen vorgestellt.

Aria Addams

Bekannt geworden als Zweitplatzierte der Primetime TV-Show „Queen of Drags“ (ProSieben, 2019), bringt Aria Addams heute vor allem mit ihrem Content auf Social Media die Menschen zum Lachen. Aria ist eine der erfolgreichsten deutschen Drag Queens bei Twitch und Twitch Ambassador 2022. Zudem ist sie als Host und Performerin auf Bühnen und vor der Kamera zu Hause.

Katy Bähm

Bähm! Der Nachname ist bei Katy Bähm Programm. Die Drag Queen mit deutsch-türkischen Wurzeln betreibt mit Bähm Bähm Wigs ihren eigenen Onlineshop für Perücken und ist in Deutschland unter anderem mit Auftritten bei „Promi Big Brother“ bekannt geworden. Die gebürtige Berlinerin war Teil der ersten Staffel von „Queen of Drags“, wo sie sich mit den zeitlosen Worten „Wenn ihr denkt, ihr könnt etwas nicht schaffen, kämpft einfach dafür und glaubt an euch!“ verabschiedete.

Sheila Wolf

Sheila Wolf verbrachte mittlerweile fast zwei Jahrzehnte auf unzähligen, internationalen Kultur und Burlesque- und Gala Events als Produzentin, Performerin und Moderatorin. Die Eindrücke haben „kreative Narben“ hinterlassen, die nach wie vor Abend für Abend gekonnt wegeschminkt werden. Die Liebe zum Detail und der Wunsch nach bunter und queerer Vielfalt stehen dabei klar im Fokus. In diesem Sinne produziert sie seit 2012 queere Burlesque Shows und Festivals wie z. B. Boylesque Festival Berlin, das Frankfurt und das Köln Burlesque Festival und hat in der Makeover Serie „Diva in me“ (2020 RTL+) mitgewirkt.

Catherrine Leclery

Catherrine Leclery lebt nach dem Motto: „Don't hate me, celebrate me“. Geboren in Novo Hamburgo in Brasilien lebt und arbeitet Catherrine seit 1995 in Deutschland. In ihrer über dreißigjährigen Karriere hatte Catherrine zahlreiche Auftritte in Film und Fernsehen, ob in der Rolle der Loulou in der RTL-Soap „Unter uns“, in der Sendung „Germany's Next Top Model“ oder mit Heidi Klum, Conchita Wurst und Bill Kaulitz in der Show „Queen of Drags“. 2019 war Catherrine die erste Drag Queen, die beim Karneval in Rio auf einem Wagen mitfahren durfte.

BIBLIOGRAFIE

THE ART OF PERFORMANCE

Port Out, Starboard Home: The Fascinating Stories We Tell About The Words We Use, Michael Quinon.

From the Greek Mimes to Marcel Marceau and Beyond: Mimes, Actors, Pierrots and Clowns: A Chronicle of the Many Visages of Mime in the Theatre, Annette Lust.

"Secret lives of women who broke taboo to act in Shakespeare", https://www.theguardian.com/culture/2016/apr/10/secret-lives-of-women-shakespeare.

"Shakespeare and gender: the 'woman's part'", https://www.bl.uk/shakespeare/articles/shakespeare-and-gender-the-womans-part.

The Corset: A Cultural History, Valerie Steele.

Yoshiwara: The Glittering World of the Japanese Courtesan, Cecilia Segawa Seigle.

Sex, androgyny, prostitution and the development of onnagata roles in Kabuki theatre, Sara K. Birk.

Kathakali, the Dance Theatre, Kalamandalam Govindan Kutty.

Sounding Roman: Representation and Performing Identity in Western Turkey, Sonia Tamar Seeman.

Peking Opera, Chengbei Xu.

The Encyclopedia of Vaudeville, Anthony Slide.

"themstory: This Black Drag King Was Once Known As The Greatest Male Impersonator Of All Time", https://www.them.us/story/themstory-florence-hines.

Arresting Dress: Cross-Dressing, Law, and Fascination in Nineteenth-Century San Francisco, Clare Sears.

THE ART OF GLAMOUR

Film Censorship: Regulating America's Screen, Sheri Chinen Biesen.

Dorothy Parker: Complete Broadway, 1918-1923, Dorothy Parker & Kevin C. Fitzpatrick.

Sing Out! Gays and Lesbians in the Music World, Boze Hadleigh.

Harlem Renaissance Lives from the African American National Bibliography, Henry Louis Gates & Evelyn Brooks Higginbotham.

Takarazuka: Sexual Politics and Popular Culture in Modern Japan, Jennifer Robertson.

"Pansy Craze: the wild 1930s drag parties that kickstarted gay nightlife", https://www.theguardian.com/music/2017/sep/14/pansy-craze-the-wild-1930s-drag-parties-that-kickstarted-gay-nightlife.

THE ART OF WAR

"5 LGBTQ Protests That Set the Stage for Stonewall", https://www.vice.com/en_us/article/d3nenv/lgbtq-protests-before-stonewall.

Stonewall: The Riots That Sparked The Gay Revolution, David Carter.

Stonewall: The Definitive Story of the LGBT Rights Uprising that Changed America, Martin Duberman.

"Ian Berry: Cape Town Moffie Drag", http://makingafrica.net/2015/04/featured-workian-berry-cape-town-moffie-drag/.

"Meet Kewpie, The Rediscovered Daughter of District 6", https://afropunk.com/2019/05/kewpie-cape-town-south-africa-queer-trans-gay-photo-archive/.

"50 Years of Chosen Family", https://www.thecut.com/article/the-house-of-labeija.html.

THE ART OF FREAK

The Black Hole of the Camera: The Films of Andy Warhol, J. J. Murphy.

Love Saves the Day: A History of American Dance Music Culture, 1970–1979, Tim Lawrence.

Black Performance on the Outskirts of the Left: A History of the Impossible, Malik Gaines.

"Drag Herstory: The Wild Life and Untimely Death of Divine, Drag Queen of the Century", https://www.them.us/story/drag-herstory-divine.

"How T. Rex's 'Get It On' Launched Glam Rock", https://www.wsj.com/articles/how-t-rexs-get-it-on-launched-glam-rock-11554827860.

Grace Jones interview on *Day by Day*, 1985. https://www.youtube.com/watch?v=vuW4TcZWeLI.

"20 Crazy Details Behind The Making Of The Rocky Horror Picture Show", https://screenrant.com/rocky-horror-picture-show-behind-scenes-details-making-trivia/.

"Is It a Male or Female?; Danny La Rue Winning New Fans in London", https://www.nytimes.com/1970/08/31/archives/is-it-a-male-or-female-danny-la-rue-winning-new-fans-in-london.html.

Danny La Rue live at the 1972 Royal Variety Performance. https://www.youtube.com/watch?v=qAmB5AGl8so.

World Heritage Encyclopedia entry on Invasion of the Pines. http://community.worldheritage.org/articles/eng/Invasion_of_the_Pines.

"A 1968 police raid on Fire Island led to one lawyer making LGBT history", https://www.nbcnews.com/feature/nbc-out/1968-police-raid-fire-island-led-one-lawyer-making-lgbt-n903716.

THE ART OF CHARISMA

"It's Neither a Death Drop Nor a Shablam: Celebrating the Art of 'The Dip'", https://hornet.com/stories/death-drop-shablam-dip/.

"Voguing 101 with Cakes Da Killa", https://www.teenvogue.com/story/voguing-101.

"A short history of voguing – an art, a sport, a way of life", https://www.spectator.co.uk/2017/07/how-voguing-came-back-in-vogue/.

"'Paris is Burning' Goes Global", https://www.nytimes.com/2019/06/29/style/paris-is-burning-queer-ballroom-culture.html.

MAC Viva Glam Timeline. https://www.maccosmetics.com/vivaglam-timeline.

"Lady Bunny Shaped Drag As We Know It – And She's Just Getting Started", https://www.them.us/story/lady-bunny-profile.

An Introduction to the World of Visual Kei, Aimee Mariko Kanemori.

"A Developing Legacy", https://www.bangkokpost.com/life/social-and-lifestyle/1717839/a-developing-legacy.

Mother Camp: Female Impersonators in America, Esther Newton.

"Lypsinka Speaks: Interview With A Surrealist", https://www.slantmagazine.com/features/lypsinka-speaks-interview-with-a-surrealist/.

"Sex, sin and sausages: the debauched brilliance of Leigh Bowery", https://www.theguardian.com/artanddesign/2018/aug/13/sex-sin-and-sausages-the-debauched-brilliance-of-leigh-bowery.

"Amanda Lepore on Tr*mp, trans progression and why she's such a f*cking legend", https://www.gaytimes.co.uk/originals/120799/amanda-lepore-on-trmp-trans-progression-and-why-shes-such-a-fcking-legend/.

Doll Parts, Amanda Lepore.

"She's King of the Road", *The Advocate*, 25th September 2001.

Visual AIDS: Ethyl Eichelberger. https://visualaids.org/artists/ethyl-eichelberger.

THE ART OF INFLUENCE

Gender Trouble, Judith Butler.

"How RuPaul's Drag Race Fueled Pop Culture's Dominant Slang Engine", https://www.wired.com/story/rupauls-drag-race-slang/.

"Talking Race and Intersectionality with Victoria Sin", https://i-d.vice.com/en_uk/article/3kb87v/talking-race-and-intersectionality-in-drag-with-victoria-sin.

"Defying State Conservatism, Russia's Drag Queens Strut On", https://www.themoscowtimes.com/2017/02/17/russian-drag-queens-a57177.

"Where Love Is Illegal: Shelah", https://whereloveisillegal.com/shelah/.

"Matmazel Coco, the drag queen aiming to transform Turkey", https://www.efe.com/efe/english/destacada/matmazel-coco-the-drag-queen-aiming-to-transform-turkey/50000261-4009530.

INDEX

MITWIRKENDE

Jake Hall | Autor*in

Jake Hall ist freiberufliche*r Journalist*in und Doktorand*in im Bereich Gender & Sexuality und hat ein unermüdliches Interesse an allem, was queer ist. Jakes Arbeit deckt alles ab, von den Rechten von Sexarbeiter*innen über Klimawandel bis zu Fashion-Subkulturen und – selbstverständlich! – Vergangenheit, Gegenwart und Zukunft von Drag. Veröffentlichungen sind in *Dazed*, *i-D*, *VICE*, *British Vogue* und *Playboy* zu finden. In der Freizeit schaut Jake Wrestling, scrollt sich durch Hunde-Memes und isst Unmengen an Sushi.

Danksagung

Danke an meine Mum und meine Großeltern, die mich immer ermuntert haben, meine Leidenschaft zum Beruf zu machen, an meine engsten Freund*innen, die meine gestressten Schimpftiraden aushalten mussten, und an meine Lektorin Ayoola Solarin, die verständnisvollste und ermutigendste Komplizin, die ich mir hätte wünschen können. Ohne dich wäre dieser Weg doppelt so anstrengend gewesen – allein aus diesem Grund bin ich dir schon unendlich dankbar!

Helen Li | Cover, Art of Freak & Influence

Helen ist eine australische Illustratorin, die derzeit in Warschau, Polen, lebt. Sie hat einen MFA in Illustration von der School of Visual Arts und arbeitete unter anderem mit Google, Dropbox, Adobe, Redbull und *The Wall Street Journal* zusammen. Zwischen Auftragsarbeiten und persönlichen Projekten könnt ihr sie dabei antreffen, wie sie tätowiert oder mit der Person ihres Herzens sowie ihrem Hund die Natur erkundet.

Danksagung

Ganz besonderer Dank geht an Ayoola Solarin, weil sie mich für dieses Projekt mit an Bord geholt und mich bei dieser aufregenden Reise begleitet hat, an Lilly Gottwald für ihre Führung, an Sofie und Jasjyot für ihren Einsatz und die inspirierende Hingabe, an Cynthia und Francesca für den großzügigen Einblick und Ratschlag, an Shin und Eugenia, die mir in Zeiten, in denen ich es am meisten brauchte, ihr Ohr geliehen haben, an Pawel für seinen unerschütterlichen Glauben und an meine Familie für ihre aufrichtige Unterstützung.

Sofie Birkin | Art of Performance & War

Sofie ist eine britische Illustratorin und lebt mit Ehefrau Erika und Hund Arthur, die beide sehr *smart* sind, in Denver. Ihre leuchtend-spielerischen Bilder rücken inklusive Darstellungen in den Fokus, ermutigen zu Tagträumen und sollen vor allem empowern. Sofia promotet in ihrer Arbeit, wann immer es möglich ist, die Gay-Agenda. Ihre queeren und transinklusiven Illustrationen erschienen u. a. in *Cosmopolitan* und *Playboy*. Derzeit arbeitet sie an einer Installation für Meow Wolf Denver. Wenn sie nicht an ihrem Zeichentisch klebt, wird sie vermutlich gerade bei Wohnungsauflösungen sentimental oder erzählt Geistergeschichten.

Danksagung

Ein großer Dank an Erika für ihre ungebrochene Unterstützung, Motivation und unendlich viele Tassen Tee zu jeder Uhrzeit, an Helen und Jasjyot für euer unglaubliches Talent und eure Solidarität, an Ayoola und Lilly fürs Begleiten und Mitfühlen, an meine Mutter, die immer den Hörer abgenommen hat, und meinen Vater, der mich seit dreißig Jahren durch die Kunstwelt lenkt, und an mehr Freund*innen als ich auflisten könnte, dass sie mich in meinen Stressphasen stützen.

Jasjyot Singh Hans | Art of Glamour & Charisma

Jasjyot ist ein Illustrator aus Delhi, der aktuell in den USA lebt. Er ist über die Maßen von einer explosiven Mischung aus Fashion, Musik und Popkultur inspiriert. Sein Blick ist beständig auf alles Vergangene gerichtet und giert nach allem Gegenwärtigen. Seine bisherigen Arbeiten thematisieren Körperbilder, Sexualität und Identität. Zu seinen Auftraggebern gehören Google, *The New York Times*, *Vogue India* und Adidas.

Danksagung

Danke an Maa & Pas, dass ihr immer auf mich achtgebt und mir auf die Füße schaut! Parveer, danke, dass du mein Resonanzraum bist.

Eero Lampinen ist Illustrator in Berlin, der klare Linien und verträumte Pastellpaletten liebt. Seine Arbeit verbindet Elemente des traditionellen Geschichtenerzählens mit zeitgenössischer Mode, um eine Realität neben der Realität zu kreieren, die von melancholischen Charakteren bewohnt wird. Derzeit ist er besessen von Pflanzen, der lokalen Drag-Szene, traurigen Memes und knalliger, spekulativer Technologie.

Crystal Rasmussen Im Lexikon unter „Globales Phänomen" sieht man nur ein Bild von Crystals Gesicht. Sie ist wunderschön. Sie ist Model. Sie ist ein Fünftel von DENIM, einer Drag-Supergruppe, und wird von ihren Fans für ihr träges Auftreten und ihr starkes Falsett geliebt.

Tom Rasmussen ist – wenn nicht in Drag – eine Person aus dem Norden, die in London lebt und deren Arbeiten regelmäßig in *The Independent*, *Daze & Confused*, *i-D*, *LOVE Magazine* und *Refinery29* publiziert werden. 2018 wurde Tom von The Dots zum LGBT-Trailblazer ernannt, sowie als eine*r von *i-Ds* „Voices of Now". Tom ist außerdem die Hälfte der radikalen queeren Punkband ACM.

Salome Papadopoullos ist eine Londoner Illustratorin. Salomes Arbeit ist inspiriert von Gefühlen von Nostalgie in Musik, Fashion und Film und umfasst Porträts und Typografie. Unter Verwendung von Gouache, Glitzer und Buntstiften verkapselt sie in allem die Girl-Pop-Kultur.

The Vixen ist eine vielfach talentierte Performerin, die es sich zum Ziel gemacht hat, die Welt zu einem besseren Ort zu machen. Aufgewachsen in der South Side in Chicago, war ihre Kunst immer eng verwoben mit sozialer Gerechtigkeit und Aktivismus. Als erfolgreiche und angesehene Drag Queen, Liedermacherin, Modedesignerin und Tänzerin schreibt sie ihre Liebe zur Kunst ihrer kreativen Familie zu. Seit ihrem 21. Lebensjahr hat The Vixen ihre exzellenten Make-up-Fähigkeiten und athletischen Performances perfektioniert, die sie zu einer der wichtigsten Namen in der Chicagoer Drag-Szene gemacht haben. Sie ist die Gründerin von „Black Girl Magic", einem Drag-Konzert, bei dem Queens of Colour ihre individuellen Erfahrungen durch Geschichtenerzählen und Performances feiern können. The Vixen lebt nach dem Glaubenssatz ihrer Großmutter, dass anderen zu helfen, das Leben erst lebenswert macht.

Noa Denmon ist Künstlerin und Illustratorin und arbeitet in Philadelphia. Aufgewachsen in Pittsburgh, war sie immens beeinflusst von der industriellen Landschaft und davon, welchen Einfluss diese auf ihre Identität hatte. Heute arbeitet sie mit knalligen Farben und Mustern, um Geschichten zu zeigen, die unterrepräsentierte Menschen stärken und feiern. Sie hofft, durch ihre Arbeit Menschlichkeit in all ihren Facetten zu zeigen.

Sweatmother ist Filmemacher*in und Künstler*in in London. Sweatmothers Arbeit mit bewegten Bildern bewertet die cinematografischen Konventionen neu und untersucht alternative Narrative über queere Identitäten, Feminismen und *Womxn-Identifying*-Repräsentationen. Femme- und gendernonkonforme Identitäten werden in Räume verlagert, in denen die Objektivierung aufgehoben und die Handlungsfähigkeit und Differenz des Andersseins gefeiert wird. So werden die oft deplatzierten Stimmen, Körper und Blicke zurückerobert. Derzeit arbeitet Sweatmother als Video-Artist in Londons DIY-Clubszene und ist aktives Mitglied von „Transmissions", einem Kollektiv sowohl für die Befreiungskämpfe von trans und gendernonkonforme Identitäten als auch für andere zeitgenössische, queerfeministische Belange.

Nada Hayek ist Illustratorin, Grafikdesignerin und Musikerin aus Vancouver, BC. Beeinflusst von Retro-Bildern, schwarzem Humor und der Knick-Knack-Abteilung eines lokalen Trödelladens, zielt sie darauf, Kunst zu kreieren, die zu gleichen Teilen spielerisch und unerwartet ist.

Don One aus Bir-ming-ham (jetzt im Osten Londons wohnend) ist derzeit einer der unterhaltsamsten Drag Kings der Szene und auf der Mission, eine ganz besondere Art der Brummie-Liebe im ganzen Land zu verbreiten! Mit der seidig-weichen Stimme, einem breiten Repertoire an Songs und einer beeindruckenden Bühnenpräsenz ist Don schon vor über 35.000 Menschen aufgetreten. Don hat eine fantastische Gesangsstimme, hostet Veranstaltungen, ist MC und Raptalent – es gibt also kaum etwas, das Don nicht gut kann!

Marcos Chin ist ein preisgekrönter Illustrator, dessen Arbeiten als Oberflächen- und Wanddesigns, auf Buch- und CD-Covern sowie in Anzeigen, Modekatalogen und Zeitschriften erschienen sind. Marcos hält Vorträge und gibt Workshops in den USA und im Ausland. Er lebt derzeit in New York, wo er an der School of Visual Arts Illustration lehrt.

Joe E. Jeffreys | Beratung
ist Drag-Historiker, der in Enzyklopädien, Anthologien, wissenschaftlichen Zeitschriften und populären Magazinen publiziert hat. Er wurde von Medien wie *Time, The New York Times, The Guardian* und *L'Obs* sowie Entertainment Tonight und BBC Radio 4 zum Thema interviewt. Seine Drag-happy-Videoarbeiten wurden in Galerien, bei Festivals und in Museen weltweit gezeigt, so auch im Tate Modern.